Wolfgang Hering

# Kunterbunt bewegte Winterzeit

Singen, spielen, turnen, tanzen:
mit Fingerspielen, Versen, Liedern,
Spielen und Bewegungsgeschichten
zur Winter- und Weihnachtszeit

Illustrationen: Kasia Sander

W0407721

Ökotopia Verlag, Münster

# Impressum

**Autor:** Wolfgang Hering
**Illustrationen:** Kasia Sander
**Satz:** Hain-Team, Bad Zwischenahn
**Herausgeber:** BBS – Buchwerk Bernhard Schön, Idstein

© 2010 Ökotopia Verlag, Münster

1 2 3 4 5 6 7 8 9 • 16 15 14 13 12 11 10

**ISBN:** 978-3-86702-122-7

Zu diesem Buch gibt es die

**CD Kunterbunt bewegte Winterzeit**

**ISBN:** 978-3-86702-123-4

# Inhalt

# Vorwort

Jedes Jahr stehen Winter- und Weihnachtszeit vor der Tür und damit die Frage: Wie wollen wir die jahreszeitlichen Themen in der Kindergruppe im Kindergarten, beim Kinderturnen, in der Schule oder auch zu Hause im Spielkreis aufgreifen und welche entsprechenden Aktivitäten diesmal angehen? Die Zeit zwischen November und Februar hat viele Besonderheiten. Die Vorfreude auf den ersten Schnee und die Frage, was diesmal das Weihnachtsfest bringt, wächst mit jedem Tag. Auch Kinder aus anderen Kulturkreisen sind kaum imstande, sich den Eigentümlichkeiten und der Spannung dieser Zeit zu entziehen.

Die Kinder können wegen der Witterung nicht so oft raus. Noch mehr Zeit als sonst wird vor Fernsehgerät und Computer verbracht. Gleichzeitig bekommen die Kinder oft Süßigkeiten im Adventskalender, auf dem Nikolausteller und in der Weihnachtsbäckerei. Es mangelt an Gelegenheiten, dass die Kinder ihrem natürlichen Bewegungsdrang nachgehen.

Das war der Anlass, in diesem Buch neue Spiel- und Bewegungsanregungen mit viel Musik zusammenzustellen. Der Schwerpunkt liegt auf einer „bewegten Weihnachtszeit". Sie finden auf den folgenden Seiten pfiffige Angebote, um Kinder mit ihrer Spielfreude anzusprechen. Gemeinsam können Sie mit Ihren Kindern zum Thema Weihnachten singen, spielen, turnen, tanzen und fühlen – mit Körper, Herz und allen Sinnen. Das Spektrum ist breit angelegt: von

einfachen Spielversen bis zu HipHop-Stücken und anregenden Bewegungsgeschichten. Sie können die motorischen Angebote gut mit den traditionellen Weihnachtsliedern verbinden. Diese weit bekannten Stücke gehören zu unserem Kulturgut und haben wunderschöne Melodien. Singen und Bewegen können sich dann hervorragend ergänzen.

Mit vielen Bewegungsanregungen aus diesem Buch kommen Sie gut durch die Winter-Weihnachtszeit. Kleine Spielgedichte und Fingerspiele fördern eher die Feinmotorik, Bewegungsgeschichten die fantasievolle Ausgestaltung durch die Kinder, die Bewegungslieder und Klanggeschichten sprechen das musikalische Empfinden an. Im Kinderturnen können entsprechende Bewegungslandschaften aufgebaut werden. Bei vielen Stücken können Sie sehr gut kleine Requisiten wie Luftballons, Tücher oder auch ein großes Schwungtuch verwenden.

Die sieben Kapitel des Buches bieten einen Mix von Gedichten, Liedern und Geschichten. Viele Stücke vor allem des ersten Kapitels können Sie auch schon im November einsetzen. Sie dienen zur Einstimmung und nehmen oft jahreszeitliche Besonderheiten wie Nebel, Kälte oder das Tragen von wärmerer Kleidung auf. Es geht im nächsten Kapitel um „Leckeres aus der Weihnachtsküche". Da bietet es sich an, die Spiele mit der wirklichen Weihnachtsbäckerei zu verbinden. Natürlich darf ein Kapitel über den Herrn mit dem roten Mantel und dem weißen Bart nicht fehlen. Das vierte Kapitel widmet sich dem Thema „Adventskranz – Lichterglanz". Hier lassen sich gut Teelichter, Taschenlampen und Kerzen zum Leuchten bringen. Und dann gibt es das Bewegungsmotiv par excellence: „Es wurde auch Zeit – es hat geschneit". Im Kapitel 6 verwandeln sich die Kinder in Wintertiere. Das letzte Kapitel greift schließlich auf etwas ungewöhnliche Art und Weise die „weihnachtliche Bescherung" auf. Lassen Sie sich anregen, verändern Sie vorgeschlagene Spielanregungen, fragen Sie die Kinder nach eigenen Ausgestaltungsideen.

Ich wünsche Ihnen eine bewegte Winter- und Weihnachtszeit und ein frohes Fest.

*Wolfgang Hering*

# 1. Die Tage werden kürzer

## Hüpf dich warm

Nr. 1

*Text/Musik:* Wolfgang Hering

Es fliegen kaum noch Vögel,
der Wind weht bitterkalt.
Am Morgen ist es neblig,
die Tiere friern im Wald.
Nun brauchen wir Bewegung,
sonst rosten wir noch ein.
Ihr hüpft jetzt eine Runde
herum auf einem Bein.

**Refrain:**
Keiner muss hier frieren,
alle machen mit.
Hopp, hopp, hopp,
Hüpf dich warm und „stopp".

Nun fängt es an zu schneien,
wir rennen alle mit,
verfolgen ein paar Flocken
im schnellen Sauseschritt.
Wir schlittern auf der Eisbahn
und falln auch einmal hin,
stehn auf und kurven weiter,
mit vielen Sprüngen drin.

Wir laufen noch ein Weilchen
und nehmen einen Schal.
Wir wiegen ihn ganz oben
so eben sieben Mal.
Wir packen die Gelegenheit
gleich heute mal beim Schopf
und drehn jetzt die Propeller,
hoch über unserm Kopf.

Wir üben auch noch Langlauf
und gleiten mit den Ski.
Wir springen von dem Hügel
und landen irgendwie.
Wir sitzen dann am Boden,
die Zügel in der Hand
und rutschen mit dem Schlitten
und rodeln ganz rasant.

Dann klopfen wir den Schnee ab
und stampfen mit den Schuhn.
Wir sind ganz außer Atem,
nun ist es Zeit zum Ruhn.
Wir sind ganz warm geworden
und haben viel mehr Kraft.
Wir machen 's uns gemütlich
mit einem heißen Saft.

2× *Refrain*

## Spielanregung

*Die Bewegungsanregung in jeder Strophe wird im Refrain weiter ausgeführt, bis zum „Hopp, hopp, hopp", da hüpfen alle dreimal mit beiden Füßen und halten bei „stopp" kurz inne.*

*Ablauf für die Strophen:*

1. *Auf einem Bein hüpfen.*
2. *Alle laufen kreuz und quer durch den Raum, deuten Schlittschuhlaufen an und machen dann große Sprünge.*
3. *Wenn kein Schal zur Verfügung steht, werden diese Bewegungen pantomimisch ausgeführt.*
4. *Langlauf und Schlittenfahren werden angedeutet.*
5. *In der Schlussstrophe stampfen alle fest mit den Füßen auf und stellen das Safttrinken dar.*

### Variante:

*Sie können auch zusätzlich Handschuhe als Requisiten verwenden und eine Strophe als Partnerspiel singen. Mein Vorschlag:*

Wir nehmen dann zwei Handschuh
und können gleich jongliern,
kurz abwechselnd nach oben,
ihr müsst es mal probiern.
Es stelln sich zwei zusammen,
direkt auf du und du,
und einen von den Handschuhn
wirfst du dem Nachbarn zu.

## Die rote Nase

*Wolfgang Hering*

**Dei**ne **Na**se **ist** ganz **rot**,
von **drau**ßen **kommst** du **rein**.
Sonst **ist** sie **hell** und **ro**sa**rot**.
Wer **kann's** ge**we**sen **sein**?
Herr **Frost** hat **sie** ge**küsst**,
da**mit** ihr's **al**le **wisst**.

## Spielanregung

*Sie sprechen den Text und führen folgende Bewegung zu jeder Zeile aus:*

- *Auf die Nase deuten*
- *Auf die Oberschenkel patschen*
- *Noch einmal an die Nase fassen*
- *Patschen*
- *Dreimal klatschen und ein Kuss*
- *Dreimal klatschen und ein Kuss*

*Die letzten Takte bestehen dann aus drei Viertel Klatschen und einem Kuss in der Pause. Sie können das Stück auch komplett rhythmisiert im Taktschlag ausführen, d. h., es wird im Viertelbeat durchgeklatscht.*

## Kalte Hände

Nr. 2

*Text/Musik:* Wolfgang Hering

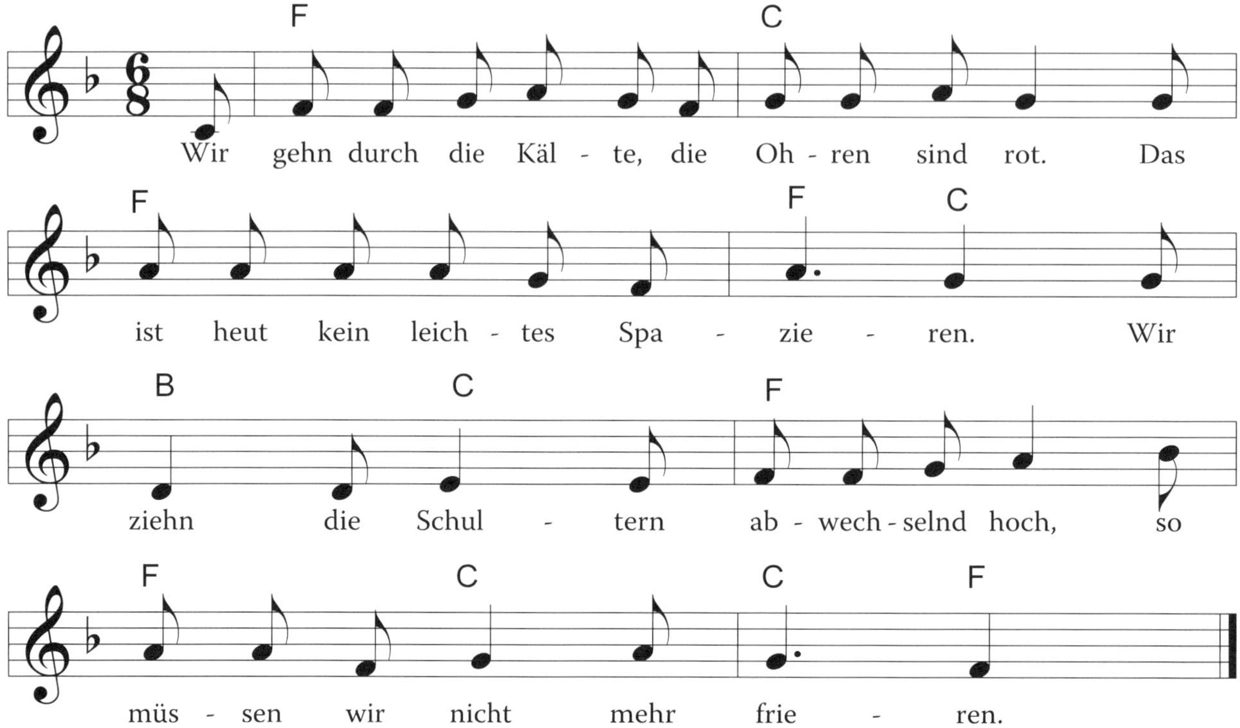


Wir gehn durch die Kälte, die Ohren sind rot.
Das ist heut kein leichtes Spazieren.
Wir ziehn die Schultern abwechselnd hoch,
so müssen wir nicht mehr frieren.

Die Knochen sind steif, und die Finger sind kalt,
wir wollen mal etwas probieren.
Wir reiben die Hände und klatschen im Takt,
so müssen wir nicht mehr frieren.

Die Füße, die brauchen jetzt auch etwas Dampf
und üben das laute Marschieren.
Dann hüpfen wir hoch wie ein Gummiball,
so müssen wir nicht mehr frieren.

Nun machen wir alles zur selben Zeit,
die Schultern sollen beginnen.
Wir klatschen und springen noch gleichzeitig hoch
und gehn dann ins Warme nach drinnen.

## Spielanregung

*Die Kinder laufen langsam durch den Raum und führen dabei die Bewegungsansagen aus:*

- Schultern gemeinsam oder abwechselnd hochziehen
- Hände zunächst reiben und danach klatschen
- Fest aufstampfen und dann hüpfen
- Alles gemeinsam ausführen: Schultern zucken, klatschen und springen.

*Zum Schluss dürfen sich alle ausruhen, und sich eine Sitzgelegenheit suchen.*

## Waldspaziergang

*Wolfgang Hering*

Der Wald hat rote und braune Farben,
wir laufen durch den Blätterwald
und stapfen über weiche Wege,
ganz spannend ist der Aufenthalt.

Der Boden ist erst hart vor Kälte
und dann auch matschig um so mehr.
Die Schuhe werden nass und nässer,
mit Dreck dann richtig zentnerschwer.

Wir überspringen große Pfützen
und sinken auch mal etwas ein.
Wir greifen uns dann an den Händen,
und keiner geht jetzt mehr allein.

Wir schlittern über eine Brücke,
das ist der wahre Härtetest.
Wir gehen Griff für Griff nach vorne
und halten seitlich uns ganz fest.

Wir kommen dann zu einer Straße
und rennen nun ganz schnell nach Haus.
Dort legen wir uns auf das Sofa
und ruhn uns vom Spaziergang aus.

## Spielanregung

*Nehmen Sie eine Handtrommel und einen Schlegel und unterstützen Sie beim Sprechen die Aktionen in diesem Spielgedicht.*

*Wir beginnen mit schnellem Trommeln, das dann beim Stampfen verlangsamt wird. Bei „matschig“ reiben Sie auf dem Fell und führen danach nur noch einzelne Schläge aus. Dann könnte der Rhythmus beim Springen punktiert werden. Sie klopfen bei der Brücke auf den Rahmen der Trommel. Danach können noch einmal schnelle Schläge kommen, bis schließlich ein Schlusspunkt gesetzt wird.*

## Barbaratag

*Wolfgang Hering*

Ab den Novembertagen sind die Laubbäume völlig leergefegt. Machen Sie mit ihren Kindern Anfang Dezember einen Spaziergang in einen Garten oder in einen Wald, vielleicht begleitet von einem Förster. Sie können dazu den Vers sprechen:

Kinder, wir laufen Schritt für Schritt,
kommt und macht jetzt alle mit.
Kinder, schaut, das glaubt man kaum,
kahl und nackt ist jeder Baum.

Ein eisiger Wind hat auch die allerletzten Blätter von den Ästen geholt. Die Bäume sehen etwas traurig aus. Sie scheinen im kalten Wind etwas zu frieren. Doch wenn ihr die Äste genauer anschaut, sieht ihr, dass sie schon dicke Knospen haben. Schneidet mit einer Gartenschere ein paar Zweige von einem Kirschbaum.

Wir schneiden nun, schnipp, schnipp, schnapp
die Äste von den Bäumen ab
und suchen ein paar Zweige aus,
die tragen wir zu uns nach Haus.

Stellt die Zweige in eine Vase an einen hellen und warmen Platz in eurem Zimmer. Pflegt nun die Zweige gut und gebt ihnen alle drei Tage neues Wasser. In der Wärme beginnen die Knospen zu wachsen, und nach zwanzig Tagen stehen die Zweige in voller Blüte.

Die Knospen wachsen nun heran.
Alle können warten dann.
Und wenn du sie schön blühen lässt,
dann freust du dich am Weihnachtsfest.

Wenn ihr die Zweige am 4. Dezember hereinholt, am Tag der heiligen Barbara, der Schutzheiligen der Bergleute, dann blühen sie ziemlich genau am 24. Dezember. Deshalb heißen sie „Barbarazweige“.

## Spielanregung

*Traditionell werden für diesen Brauch Kirschblütenzweige genommen. Es funktioniert aber auch mit Apfel- und Pflaumen- oder Forsythienzweigen. Die Äste lassen sich gut mit Tannengrün kombinieren. Sprechen Sie den Text mit den Versen, und lassen Sie die Kinder mitspielen. Bitte keine Zweige in der freien Natur schneiden. Am besten einmal herumfragen, wer ein paar Äste aus seinem Garten zur Verfügung stellt, oder die örtliche Gärtnerei spendiert ein Bündel Zweige.*

## Im Nebel

*Wolfgang Hering*

Wir schreiten durch das Land
in sonderbarem Licht.
Die Hand vor unsren Augen,
die sehen wir fast nicht.

Der Nebel schwebt wie Schleier
und streicht am Boden lang.
Die Leute haben heute
nur wenig Tatendrang.

Der weiße, dicke Nebel
erfüllt den ganzen Raum.
Wir gehen ganz bedächtig,
ja fast so wie im Traum.

Wir stoßen mit den Beinen
an einen kleinen Strauch,
dann kommen ein paar Bäume,
und die berührn wir auch.

Da plötzlich kommt die Sonne,
wir können schneller gehn,
das ist ja wie ein Wunder,
kein Rauch ist mehr zu sehn.

Der Nebel ist verschwunden,
der Wald ist wieder da.
Wir toben durch die Gegend,
die Sicht ist wunderbar.

## Spielanregung

*Am besten schließen die Kinder für dieses Stück die Augen, oder lassen sich mit einem Schal die Augen verbinden. Dann bewegen sie sich vorsichtig durch den Raum. Fragen Sie, wie es ist, einen Strauch oder einen Baum zu berühren. Sie können das Nebelspiel mit Instrumenten unterstützen. Welche Klänge sind geheimnisvoll und passen zum Thema? Älteren können Sie ein bekanntes Nebelgedicht vorlesen, etwa von Hermann Hesse („Seltsam im Nebel zu wandern …“) oder von Christian Morgenstern (Novembertag).*

## Bum bum patsch

*Wolfgang Hering*

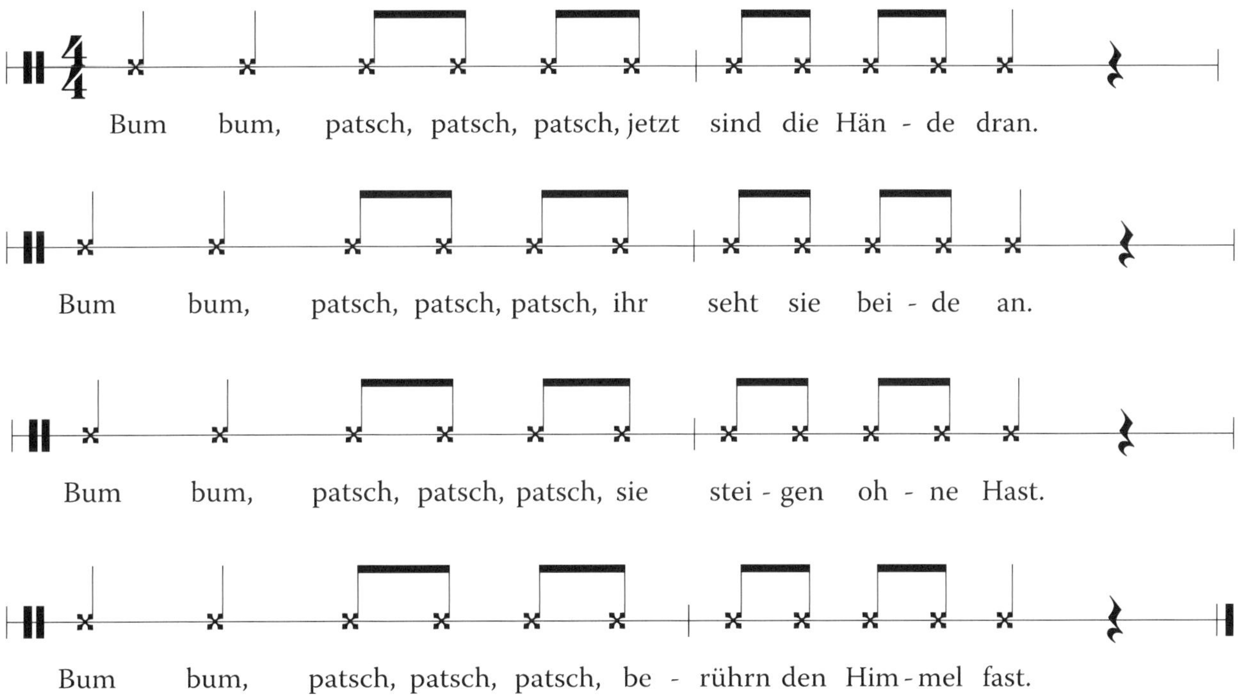


**Bum** bum, **patsch**, patsch, patsch,
jetzt **sind** die Hände **dran**.
**Bum** bum, **patsch**, patsch, patsch,
ihr **seht** sie beide **an**.

**Bum** bum, **patsch**, patsch, patsch,
sie **stei**gen ohne **Hast**.
**Bum** bum, **patsch**, patsch, patsch,
be**rührn** den Himmel **fast.**

**Bum** bum, **patsch**, patsch, patsch,
da **steht** Frau Holle be**reit**.
**Bum** bum, **patsch**, patsch, patsch,
Sie **schafft** es, dass es **schneit**.

**Bum** bum, **patsch**, patsch, patsch,
der **Schnee** ist eine **Pracht**.
**Bum** bum, **patsch**, patsch, patsch,
gleich **tobt** die Schneeball**schlacht**.

**Bum** bum, **patsch**, patsch, patsch,
die **Bäl**le fliegen ge**wandt**.
**Bum** bum, **patsch**, patsch, patsch,
durchs **wei**ße Märchen**land**.

**Bum** bum, **patsch**, patsch, patsch,
es **kom**men Nachbarn da**zu**.
**Bum** bum, **patsch**, patsch, patsch,
ein **Schnee**mann wächst im **Nu**.

**Bum** bum, **patsch**, patsch, patsch,
sehr **schön** wird er ge**baut**.
**Bum** bum, **patsch**, patsch, patsch,
er **macht** gar keinen **Laut**.

**Bum** bum, **patsch**, patsch, patsch,
wir **gehn** in unsern **Bau**.
**Bum** bum, **patsch**, patsch, patsch
und **trin**ken heißen Ka**kao**.

## Spielanregung

*Das rhythmische Motiv – abwechselnd im Viertelschlag mit jedem Fuß stampfen und dann dreimal im Achtelfeeling auf die Oberschenkel patschen – wird das ganze Stück über für die erste und dritte Zeile durchgehalten. Sie können das Patschen auch einmal mit Handschuhen probieren. Auch wenn die Silbenzahl variiert, versuchen Sie, den Text rhythmisch in einer regelmäßigen Form zu sprechen, d. h. jede Zeile entspricht einem Vier-Vierteltakt. Einzelne Silben müssen schneller gesprochen werden. Orientieren Sie sich an den fett gedruckten Silben.*
*Hier mein Vorschlag für den Bewegungsablauf:*

1. *Hände nach oben halten*
2. *Hände steigen noch höher*
3. *Die Umrisse von Frau Holle und dann mit dem Zappeln der Hände das Schneien andeuten*
4. *Mit einer Hand eine große Fläche zeigen, dann einen imaginären Schneeball schleudern*
5. *Erst mit der einen Hand, dann mit der anderen einen Schneeball werfen*
6. *Jemand pantomimisch einhaken und einen Schneemann am Boden skizzieren*
7. *Eine Karottennase zeigen und dann den Finger vor den Mund halten*
8. *Ein Haus in die Luft malen und eine Hand als Tasse zum Mund führen*

## Das Winterwald-Spiel

*Wolfgang Hering*

Die **Kin**der, die **stap**fen **durch** den **Win**terwald,
Sie **ha**ben dicke **Jac**ken an, denn **es** ist richtig **kalt**.
Da **blitzt** und **don**nert es. Sie **su**chen sich ein **Haus**.
Und **ren**nen (und **ren**nen und **ren**nen … – *Trommelschlag*),
ge**schafft**, dort **ruhn** sich alle **aus**.
Dann **ge**ben sich die **Kin**der **wie**der einen **Stoß**
und **lau**fen schnell nach **drau**ßen, das **Spiel** geht wieder **los**.

## Spielanregung

*Zählen Sie die Kinder und verteilen, wenn möglich, die gleiche Anzahl Reifen im Raum. Wenn diese nicht zur Verfügung stehen, wird das „Haus“ abgeklebt. Zum Vers stapfen die Kinder herum.*
*Bei einer großen Gruppe können einige Kinder die Bäume im Winterwald darstellen.*
*Sie sprechen den Text und nehmen dabei einen Reifen weg. Ab der Stelle „und rennen“ laufen die Kinder durch die Gegend – Sie gestalten diese Stelle unterschiedlich lang.. Dann schlagen Sie mit einer Trommel den Donnerschlag. Jedes Kind sucht sich ein Haus. Wer übrig bleibt, scheidet aus. Dieses Kind verwandelt sich in einen Baum, und die restlichen Kinder setzen das Spiel fort. Am Ende bleibt ein Kind übrig, das beim*

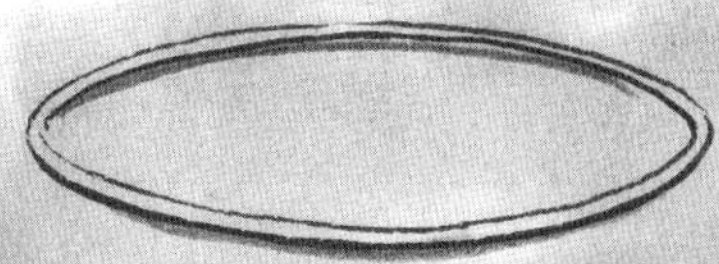

nächsten Durchgang den Donnerschlag übernehmen kann.
*Wenn keine Reifen vorhanden sind, scheidet das Kind als letztes aus, das in das markierte Haus flüchtet. Sollte es bei zwei Kindern keine klare Reihenfolge geben, können Sie ein kleines Ausscheidungsspiel nach dem bekannten Papier-Stein-Schere-Muster geben. Mein Vorschlag für die Gebärden:*

- *Schneeball: Faust*
- *Handschuh. eine offene Hand*
- *Schal: Zeige- und Mittelfinger gestreckt.*

*Folgende Regeln gelten: Mütze umhüllt den Schneeball und gewinnt. Schneeball ist stärker als der Schal und ist der Sieger. Schal ist länger als Mütze und setzt sich durch.*
*Wer drei Punkte hat, darf das Spiel fortsetzen.*

## Warm anziehen

*Wolfgang Hering*

Draußen scheint die Sonne,
ich hab ein T-Shirt an.
An meine Oberarme
strömt warme Luft heran.

Da kommt ein scharfer Wind auf,
und Kühle ist zu spürn.
Ich zieh mir schnell ein Hemd an
und brauch nicht mehr zu friern.

Und ein paar Tage später
pack ich die Jacke aus.
Die Sicht ist heut noch trüber,
ich gehe trotzdem raus.

Das Thermometer zeigt jetzt
schon viel mehr Kälte an.
Klar ist, dass nur ein Mantel
mich draußen schützen kann.

Ich hole noch die Stiefel,
damit geh ich hinaus.
Mit dickem Schal und Mütze
verlasse ich das Haus.

Ich habe nur noch wenig
mit kalter Luft Kontakt.
Am Ende bin ich wirklich
von Kopf bis Fuß verpackt.

Nur meine kleine Nase,
die hat so ihre Not.
Sie trotzt dem kalten Wetter
und ist am Ende rot.

## Spielanregung

*Die Kinder machen alle Aktionen pantomimisch mit.*

1. *Dem Nachbarn Wind zublasen*
2. *Ein Hemd anziehen und zuknöpfen*
3. *Die Jacke mit einem Reißverschluss zuziehen*
4. *Der Mantel ist noch schwerer*
5. *Schal um den Hals wickeln und Mütze aufsetzen*
6. *Bekleidung von Kopf bis Fuß andeuten*
7. *Auf die Nase tippen*

*Lassen Sie nach den Strophen Pausen, damit die Kinder die Handlungen darstellen können.*

## Wunderbare Weihnachtszeit

Nr. 3

*Text/Musik:* Wolfgang Hering

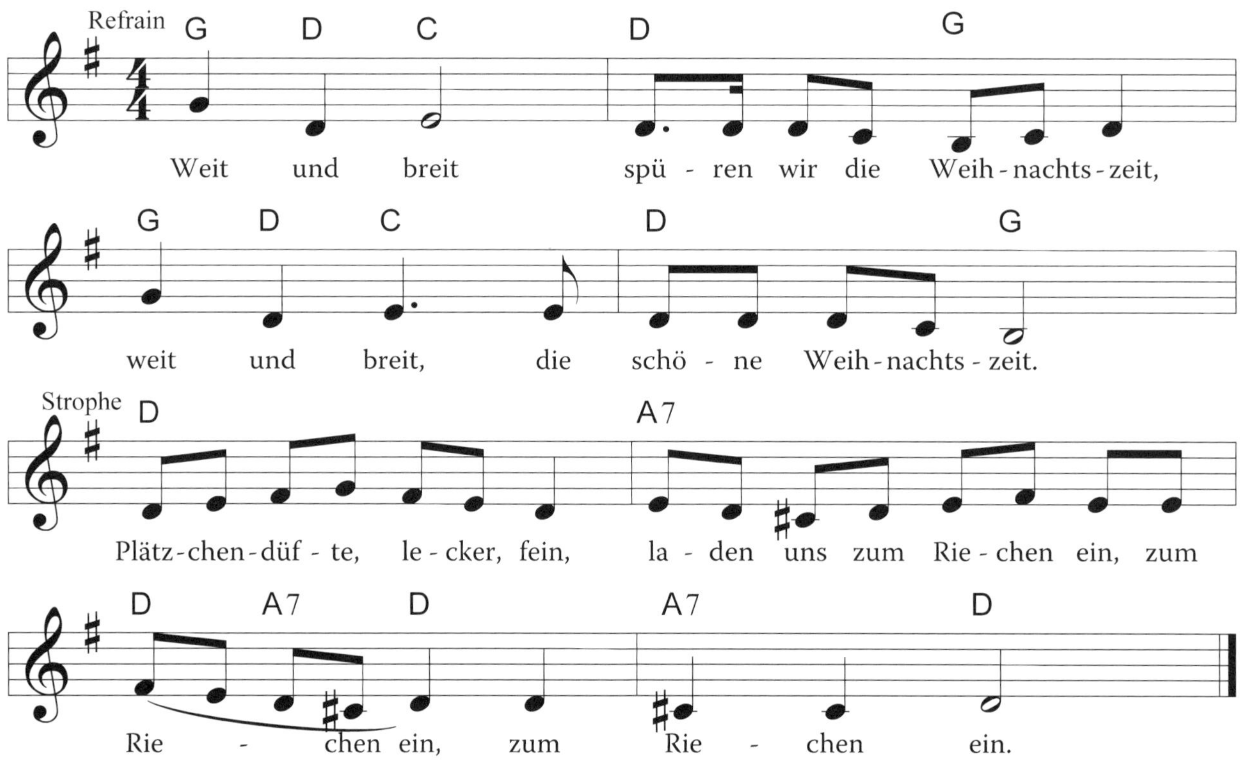


**Refrain:**
Weit und breit
spüren wir die Weihnachtszeit,
weit und breit,
die schöne Weihnachtszeit.

Plätzchendüfte, lecker, fein,
laden uns zum Riechen ein,
zum Riechen ein, zum Riechen ein.

Kugeln glitzern, Kerzenschein,
laden uns zum Schauen ein,
zum Schauen ein, zum Schauen ein.

Klingelglöckchen, hell und rein,
laden uns zum Hören ein,
zum Hören ein, zum Hören ein.

Gänsebraten muss auch sein,
lädt uns dann zum Schmecken ein,
zum Schmecken ein, zum Schmecken ein.

Tannenzweige, groß und klein,
laden uns zum Fühlen ein,
zum Fühlen ein, zum Fühlen ein.

## Spielanregung

*Hier geht es um die fünf Sinne. Als Requisiten können Sie nehmen: ein paar Plätzchen, Weihnachtskugeln, kleine Glöckchen, einen gemalten Braten und Tannenzweige. Das Stück lässt sich auch erweitern, z. B.:*

Unsre Stimme darf sich freun,
lädt euch heut zum Singen ein,
zum Singen ein, zum Singen ein.

### Variante:

*Für einen Tanz drehen sich zum Refrain alle im Kreis. Dann kommen – nach vorherigen Absprachen – Kinder in die Mitte und stellen die einzelnen Sinne dar.*

1. *Ein Kind zeigt auf seine Nase*
2. *Mit beiden Händen eine Glitzerkugel darstellen*
3. *Beide Handflächen auf die Ohren legen*
4. *Mit Daumen und Zeigefinger einen großen Mund zeigen*
5. *Hände nach vorn strecken und die Finger bewegen*

## Advent, das ist die stille Zeit

*überliefert*

Ad**vent**, das ist die **stil**le Zeit,
die **Ta**ge schnell ver**rin**nen.
Das **Fest** der Liebe **ist** nicht weit,
fangt **an**, euch zu be**sin**nen!

Es **gab** wohl manchmal **Zank** und Streit,
ihr **habt** euch nicht ver**tra**gen,
ver**gesst** das jetzt und **seid** bereit,
euch **wie**der zu ver**tra**gen.

Denn **denk** nicht nur ans **ei**gene Glück,
du **soll**test danach **stre**ben
und **an**deren Menschen **auch** ein Stück
von **dei**ner Liebe **ge**ben.

Der **ei**ne wünscht sich **Ruhm** und Geld,
die **Wün**sche sind ver**schie**den.
Ich **wün**sche für die **gan**ze Welt
nur **Ei**nigkeit und **Frie**den.

## Spielanregung

*Alle halten sich an den Händen und bewegen im sanften Rhythmus die Hände vor und zurück, am besten im Stuhlkreis. Sprechen Sie langsam und versuchen Sie, eine Einheit von Sprach- und Motorikrhythmus zu erreichen.*

# Frosti Winter zaubert

Nr. 4

*Text/Musik: Wolfgang Hering*
*Originaltonart: D-Dur*

**Refrain:**
Simsalabim, wir rufen „Aaah",
Frosti Winter zaubert wunderbar.
Simsalabim, du bist ein Star,
Frosti Winter zaubert wunderbar.

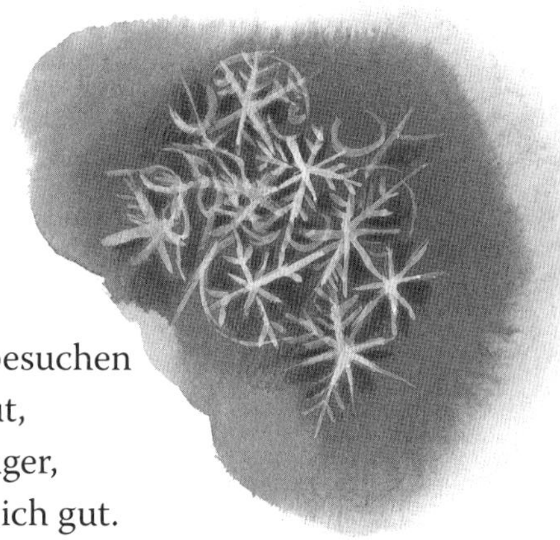

Ich heiße Frosti Winter
und zaubre wirklich gern.
Ich leb hinter den Wolken
auf einem kleinen Stern.
Den größten Teil des Jahres,
da schlaf ich und kann ruhn.
Ich trete nach dem Herbst auf,
dann hab ich gut zu tun.

Ich komm euch gern besuchen
mit meinem Zauberhut,
hab viele Tricks auf Lager,
mein Handwerk kann ich gut.
Schaut einmal an die Fenster,
mein Zauberstab, der kreist,
schon seht ihr ein paar Blumen,
die sind komplett vereist.

Ja, meinen Glitzermantel,
den zieh ich gar nicht aus,
und schüttle ich die Arme
kommt gleich viel Schnee heraus.
Ich kann die Stadt verwandeln,
mein Pulver ist der Clou.
Ich decke ganze Städte
mit weißer Farbe zu.

Ihr Kinder, ihr dürft staunen,
was ich so alles kann.
Ich helfe auch dem Christkind
sowie dem Weihnachtsmann.
Am großen Fest, ganz plötzlich
seht ihr, das glaubt man kaum,
schon liegen die Geschenke,
dort unterm Weihnachtsbaum.

2 × *Refrain*

## Spielanregung

*Sie brauchen einen Zauberstab und einen Zauberhut. Ein Kind ist der Zauberer und führt im Refrain den Zauberstab. Die Kinder bewegen sich zu den Strophen im Kreis. In der Mitte läuft der Zauberer in entgegengesetzter Richtung. Zum Refrain gehen alle in die Knie und schauen dem Zauberer zu, wie er mit seinem Hut zaubert.*

### Variante:

*Die Zaubereien können auch gezeichnet werden. Wie sehen Frosti Winter und seine Eisblumen aus? Malt eine ganze Stadt, die mit Schnee bedeckt ist.*

## Die munteren Tannenzapfen

*Wolfgang Hering*

Auf dem Waldboden, da liegen
viele Tannenzapfen rum,
schlummern alle dort am Boden
und sind völlig starr und stumm.

Überall da haben sich auch
Pilze breit gemacht.
Von den Tannenzapfen werden
sie neugierig angelacht.

Einer von den Zapfen hat wohl
von den Pilzen was genascht.
Dieser Zapfen wird lebendig,
ist davon selber überrascht.

Erstmal rollt er sich zur Seite,
einmal hin und einmal her.
Rechts und links wippt er nach außen,
so als wenn's ne Schaukel wär.

Schleudert wie ein starker Strudel,
auf der Stelle nun im Kreis,
hebt dann seine eine Seite
etwas hoch, der Naseweis.

Und sieh da, er kann auch stehen,
wackelt vor und auch zurück,
setzt sich langsam in Bewegung,
torkelt so ein kurzes Stück.

Er berührt jetzt andere Zapfen,
dic erwachen ebenso.
Angezapft, das ist ein Wunder,
gehn sie los mit Pipapo.

Immer mehr Tannenzapfen
straucheln quer durch Wald und Flur.
Es erwachen Artgenossen,
ganz belebt wird die Natur.

Übermütig werden manche,
hopsen hoch, mal hier, mal da.
Das sind richtig weite Sprünge,
fast wie bei Olympia.

Dann gehn sie zu zweit zusammen,
drehn sich rasch einmal im Kreis.
Immer schneller mit viel Tempo,
allen wird dabei ganz heiß.

Ändern flink auch mal die Richtung,
andersrum, so geht die Fahrt,
flitzen vorwärts dann gemeinsam,
jeder grad auf seine Art.

So ein Tannenzapfenpärchen
legt auch mal den Kopf ganz schräg
und begrüßt dann so die andern,
laufen welche übern Weg.

Und jetzt bilden sie zwei Reihen,
eine Gasse, ein Spalier.
Jedes Paar darf galoppieren,
seht, ganz schnell so reiten wir.

Sie durchlaufen diese Straße,
nach und nach geht's so voran,
und sie hängen sich am Ende
einfach hinten wieder dran.

Dann gibt's nur noch Kraut und Rüben,
kunterbunt geht's kreuz und quer.
Sie berührn sich in dem Wirrwarr,
und das Tempo steigt noch mehr.

Und die Tannenzapfen sausen,
flitzen rum jetzt alle Mann.
Das ist ja ein Kuddelmuddel,
jeder rennt so schnell er kann.

Da kommt so ein Mensch mit Körbchen,
sammelt Tannenzapfen auf,
und sie werden nun zur Zierde,
der Advent nimmt seinen Lauf.

## Spielanregung

*Alle bauen sich aus Packpapier einen spitzen Hut oder nehmen Tüten von der Bäckerei. So verwandeln sie sich in Tannenzapfen. Die Arme bleiben während des Spiels am Körper angelegt.*

### Variante:

*Jedes Kind bekommt einen Tannenzapfen in die Hand und spielt die Handlung. Übrigens: Was im Allgemeinen „Tannenzapfen" genannt wird, sind meistens die Zapfen der Fichten.*

### Variante für Jüngere:

*Sie sprechen vorher den Ablauf des Gedichtes durch: Ein Tannenzapfen beginnt alleine, er berührt andere Exemplare, die zum Leben erweckt werden, dann bilden sich Paare, die sich begrüßen. Danach wird eine lange Gasse gebildet, und immer zwei Kinder galoppieren hindurch und stellen sich am Ende wieder an. Schließlich laufen alle auf beliebigen Bahnen und können sich kurz mit den Oberarmen oder Schultern berühren.*

## Tanz durch den Winter

*Wolfgang Hering*

1. Die Weihnachtszeit, die stresst uns sehr,
die Leute laufen viel umher.

2. Es hat geschneit wie von Zauberhand,
wir stapfen langsam übers Land.

3. Es hat getaut, mit dem Weiß ist Schluss,
seid vorsichtig, Matsch gibt's im Überfluss.

4. Die Vögel zwitschern und fliegen, hurra,
der Winter ist aus, und der Frühling ist da.

### Spielanregung

*Sie brauchen vier verschiedenartige Musikstücke, die sich musikalisch voneinander unterscheiden. Folgende Stücke werden benötigt: schnelles Tempo; langsame Geschwindigkeit; Taktschlag bezogen (mittleres Tempo); swingender Musikstil.*
*Zu jedem Stück sprechen Sie den Zweizeiler und lassen die Kinder die Gangarten ausführen.*

### Variante:

*Sie teilen den Raum in vier Felder. Wenn einer der Musiktitel erklingt, begeben sich alle Kinder in diesen Bereich und führen eine bestimmte Bewegung aus. Beispiele: kreuz und quer laufen, im Kreis herumstapfen, über eine Pfütze hüpfen, als Vögel mit ausgebreiteten Armen herumfliegen.*

## Warten auf Weihnachten

Nr. 5

*Text/Musik:* Wolfgang Hering

Es sind noch soviel Tage,
noch eine lange Frist.
Ich muss noch sehr oft schlafen,
bis endlich Weihnacht ist.
Warum können sich Zeiger
an Uhrn nicht schneller drehn
und am Adventskalender
die Türn nicht offenstehn?

**Refrain:**
Warten, ich kann nicht warten.
Ich sag es frei heraus.
Lauf drum, hier auf der Stelle,
so halt ich's besser aus.

Ich renn die Straße runter,
mal hin und wieder her,
mach ein paar Liegestütze
und Kniebeugen noch mehr.
Zum Weihnachtsmarkt, da geh ich,
schreib mal an Onkel Klaus.
Ich helf beim Plätzchenbacken
und hol den Schlitten raus.

Mir hilft vielleicht ein Zauber,
der mich gut schlafen lässt.
Ein langes Winterschläfchen,
und ich wach auf beim Fest.
Da liegen dann Geschenke,
es gibt so allerlei.
Ich steh vorm Tannenbaum,
und das Warten ist vorbei..

2x *Refrain*

## Spielanregung

*Zum Refrain laufen alle auf der Stelle. In den weiteren Abschnitten werden die Aktionen dargestellt bzw. kommentiert. Meine Vorschläge:*

1. *Mit der Hand abwinken, die Zeiger der Uhr darstellen und eine imaginäre Tür öffnen*
2. *Umhergehen, Karten schreiben, Plätzchen in der Luft ausstechen und schließlich die Arme in die Hüften stemmen*
3. *Das Tempo beim Rennen erhöhen, Liegestütze und Kniebeugen ausführen und kurz die Straße kehren*
4. *Kopfkissen andeuten und vor Freude die Hände reiben*

# 2. Leckeres aus der Weihnachtsküche

## Tanz der Plätzchen

Nr. 6

*Text/Musik:* Wolfgang Hering

Ein süßer Duft liegt in der Luft.
Das war ein großer Plätzchentag.
So riecht die Weihnachtsbäckerei,
es war ja wie im Taubenschlag.
Jetzt liegt das Leckre dort vor Ort,
und draußen zieht herein die Nacht.
Da rührt sich was, wer glaubt denn das,
die Plätzchen sind grad aufgewacht.

**Refrain:**
Sie tanzen ofenfrisch auf dem Küchentisch
und können hüpfen, sich auch drehn,
rund um den Kerzenkranz,
so ein Plätzchentanz,
den hat die Welt noch nicht gesehn.

Auch Schokoplätzchen tauchen auf
sie drehn sich leis im Innenkreis.
Die Zimtsterne gehn außen rum,
ihr Zuckerguss, der glänzt ganz weiß.
Da hopst das Backwerk mit Krokant,
Zitronenkipfel mit Anis.
Es wackelt auch das Nussgebäck,
ja, hier tanzt das ganze Paradies.

Refrain

Sie stelln sich in der Reihe auf
und legen eine Nummer hin,
das hat die Welt noch nicht erlebt,
eine Show mit sehr viel Tempo drin.
Sie hüpfen hoch und gehn nach vorn,
da passt zusammen jeder Schritt.
Das Kochgeschirr, das klirrt im Schrank,
und Löffel klappern munter mit.

Refrain

Sie bilden eine Schlange dann,
vorneweg keck, das Spritzgebäck.
Kokosplätzchen folgen gleich,
da bleibt uns glatt die Spucke weg.
Die leckre Polonaise zieht
in Kurven durch das ganze Haus,
mal linksherum, mal rechtsherum
und dann auch wieder gradeaus.

Refrain

Zwischenspiel

Und alle treffen sich auf dem Küchentisch,
mit einem Satz am alten Platz,
rund um den Kerzenkranz, ja das war ein Tanz,
sie sagen „Tschüss, auf Wiedersehn“,
denn es ist Zeit zum Schlafengehn.

## Spielanregung

*Ein Tanzspiel, das viel Raum zur Interpretation lässt. Mein Vorschlag: Alle Kinder sind als Plätzchen verkleidet. Als Ausstattung können sie sich mit Tüchern oder Krepppapier dekorieren. In der ersten Strophe liegen alle auf dem Boden um dann beim Refrain mit dem Tanz zu beginnen. In der zweiten Strophe entsteht ein Innen- und Außenkreis. In der dritten Strophe bauen sich alle zu einer Formation in Reihen auf. Schließlich gibt es in der letzten Strophe eine Polonaise. Beim folgenden Zwischenspiel können die Kinder frei tanzen, um sich am Ende wieder auf ihren Ausgangsplatz zu legen. Denken Sie sich für den Refrain ein paar kleine Tanzschritte aus.*

### Variante:

*Die Plätzchen liegen als kleine Sandsäckchen in der Halle oder in einem großen Raum verteilt. Mit einem großen Besen werden die Plätzchen nun bewegt. Auch hier gilt es, die Bilder aus den Strophen szenisch darzustellen.*

## Die Zaubernüsse

*Wolfgang Hering*

*Die Kinder sitzen im Kreis. In der Halle bekommen sie eine Sitzunterlage.. Sie verteilen eine größere Anzahl von Nüssen auf dem Boden, dann beginnen Sie mit der Erzählung.*

Bitte, schließt alle die Augen. Heute Nacht war ein großer Sturm. Es liegen nun viele Nüsse auf dem Boden. Sie haben magische Kräfte, denn es sind Zaubernüsse.

Jede Nuss hat eine besondere Zauberkraft. Wer ein Exemplar in Händen hält, bekommt ganz schnelle Beine und muss eine Runde um die gesamte Gruppe rennen. Ich berühre nun einen von euch an der Schulter. Der öffnet dann die Augen, nimmt sich die nächstgelegene Nuss, rennt schnell eine Runde und legt sie danach wieder an den alten Platz zurück.

*Sie wiederholen mehrmals das Laufspiel.*

Nun öffnet ihr alle die Augen, erhebt euch und lauft durch den Raum, ohne den Nüssen zu nahe zu kommen. Es kommt hier darauf an, keine Nuss zu berühren.

Nun werden eure Beine angetrieben. Versucht möglichst schnell um die Nüsse herum zu laufen. Achtet darauf, dass ihr mit keinem anderen Läufer zusammenstoßt.

Danach versucht ihr, eine liegende Acht um zwei Nüsse zu laufen. Auch hier müsst ihr auf die anderen Kinder achten.

Nun nehmt die Nüsse in die Hand und lauft alle in der Gegend herum. Ihr dürft die Nüsse hochwerfen. Schleudert sie mit einer Hand hoch und fangt sie mit der anderen auf.

Es finden sich dann zwei Partner, die ihre Nüsse austauschen. Versucht sie euch zuzuwerfen, ohne dass sie auf den Boden fallen.

Ihr setzt euch im Grätschsitz gegenüber und rollt euch die Nüsse gegenseitig zu. Einigt euch auf eine bestimmte Technik, damit die Nüsse nicht zusammenstoßen.

Wir treffen uns alle an einer Wand oder einer Linie. Wer schafft es, seine Nuss am weitesten zu rollen?

Es gibt noch eine weitere, ganz besondere magische Zaubernuss.

*Ein Exemplar ist angemalt oder besonders gekennzeichnet oder wird von Ihnen zur Zaubernuss ernannt. Das Kind, das beim Rollen der Nüsse gewonnen hat, darf als erstes beginnen.*

Wer diese Zaubernuss hat, darf die anderen in Tiere aus dem Winterwald verzaubern.

Wenn ein Zaubergong (oder auch nur ein Klatscher) ertönt, hört ihr einen Zauberspruch.

**Ho**kus **po**kus **fi**di**bus**.
**Ich** hab **jetzt** die **Zau**ber**nuss**,
**al**le hier, ob **groß**, ob **klein**,
**müs**sen (Wildschweine/Bären/Eichhörnchen/Eulen) **sein**.
**Du** gibst **dann**, ganz **kurz** und **knapp**,
**dei**ne **Nuss** schnell **wie**der **ab**.

Die besondere Zaubernuss wird an ein anderes Kind weitergegeben.

*Sie wiederholen den Zauberdurchgang so lange, bis die Kinder genug gezaubert haben. Dann sammeln Sie alle Nüsse wieder ein.*

### Spielanregung

*Gut eignen sich Walnüsse für dieses Spiel. Eine Nuss muss besonders gekennzeichnet sein, z. B. rot angemalt. Zum Zauberspiel hat sich die Verwendung eines Beckens oder eines Klangbausteines bewährt. Beim ersten Gong werden die Kinder in ein Tier oder Fabelwesen verzaubert, beim zweiten Schlag wird die Verzauberung wieder rückgängig gemacht.*

## Mein Lebkuchenmann

*Wolfgang Hering*

Auf dem Teller liegt am Platz
unser kleiner, süßer Fratz,
Dieser Lebkuchenmann
hat ganz leckre Sachen dran.
Mandeln und Rosinen pur,
er ist eine Frohnatur.
Erstmal schaut er sich hier um.
Plätzchen hat er um sich rum.

Und er hebt den einen Arm,
damit macht er sich gleich warm,
Auch der andre regt sich dann,
danach folgt der ganze Mann.
Er steht mit den Beinen auf
und ist immer besser drauf.
Wacklig steht da unser Mann
und zeigt seine Hände dann,
dreht sich links und rechts herum,
macht den Rücken dann noch krumm.
Seine Beine schlottern mit,
und er wagt den ersten Schritt,
gibt sich kurz noch einen Stoß
und läuft auf der Stelle los.
Schritt für Schritt, so tritt er an,
mit viel Süßkram an sich dran.
Es ist seine Eigenart,
er kommt langsam nur in Fahrt,
hält sich gar nicht mehr im Zaum,
läuft nun durch den ganzen Raum.
Immer schneller geht's voran,
rennen kann er auch, der Mann.
Erstmal läuft er nur im Kreis,
auf der Stirn steht ihm der Schweiß.
Er hüpft wie ein Känguru
und schlägt Haken ab und zu.
Schließlich bleibt er plötzlich stehn,
muss kurz in die Hocke gehen,
um sich wieder aufzubaun,
knusprig ist er anzuschaun.
Hört jetzt, wie er dauernd klatscht,
dass es laut so richtig platscht.
Dann macht er mit einem Schwung
einen großen, weiten Sprung,
wandelt sich zum Hampelmann,
der steckt ihn zum Hampeln an.
Er wird kurz zu jenem Mann,
der die Nüsse knacken kann.
Dieser Nussknacker aus Holz
ist auf seine Stärke stolz.
Es zeigt nun der Lebkuchenmann,
dass er noch ein Kunststück kann.
Hat das Herz am rechten Fleck
und jongliert mit dem Gebäck.
Legt sich wieder hin im Raum,
leuchtet dann der Weihnachtsbaum.
Er ist völlig abgeschlafft,
hat jetzt nur noch wenig Kraft.
Und dann ist er, ach du Schreck,
spät am Morgen einfach weg.

### Spielanregung

*Ein Kind wird zum „Lebkuchenmann" ernannt. Sie sprechen nun das Gedicht. Zu Beginn liegt die Figur am Boden, richtet sich dann auf, schaut sich um und setzt sich ungelenk in Bewegung. Der Lebkuchenmann macht alle Spielvorgaben in seiner Interpretation mit. Das Tempo steigert sich. Er verwandelt sich in einen Hampelmann bzw. Nussknacker. Am Ende darf er sich wieder zur Ruhe begeben. Sie können auch alle Kinder*

*der Gruppe zum Mitspielen auffordern. Zusätzlich können Sie Klanghölzer oder eine Handtrommel zur Unterstützung verwenden.*

## Die lebendige Küche

*Clara und Wolfgang Hering*

In der Küche herrschte wieder einmal gähnende Langeweile. Schon lange war nicht mehr gekocht worden. Es hatte sich in der Familie eingebürgert, dass es nur noch Fertiggerichte und Tiefkühlkost gab.
Früher hatte Oma Walburga immer vor Weihnachten Plätzchen gebacken, dann war die Küche tagelang im Ausnahmezustand. Die Kuchenbackform und die Plätzchenfiguren zum Ausstechen lagerten seit Jahren unbenutzt und verstaubt im Küchenschrank.
Es war Mitternacht, als die dicke Teigrolle mit ihrem tiefen Bass in die Stille fragte: „Wollen wir nicht mal wieder etwas backen? Ich sehe euch zu, wie ihr nach und nach einrostet. Es kann doch nicht wahr sein, dass niemand mehr Plätzchen backen will."
Der leere Salzstreuer hatte eine Idee. „Ich kenne eine Stelle auf dem Dachboden, da steht noch ein Sack Zauberzucker. Wenn ich euch damit bestreue, dann werdet ihr für ungefähr eine Stunde alle lebendig."
Gesagt, getan: Der Salzstreuer nutzte seine letzten Kräfte, um den Sack Zauberzucker vom Dachboden zu holen. Er streute das weiße Pulver auf die unbenutzten Küchengeräte, und nach und nach bewegten sie sich. Zögerlich wurde die Schranktür aufgestoßen, und ein paar Tannenbaumformen sprangen heraus. Sie bauten eine Leiter für den altersschwachen Mixer, und bald war die Arbeitsplatte voller quietschlebendiger Geräte.
Die Schneebesen und der alte Mixer verrührten den Teig. Die große, dicke Teigrolle breitete die Masse auf dem Backblech aus, und die Förmchen stachen Sterne, Tannenbäume und Herzen aus dem Teig aus. Alle Küchengeräte waren mit großer Begeisterung bei der Sache. Der Toaster, der Wasserkocher und die Löffel veranstalteten ein kleines Konzert und klopften den Takt mit. Der Pinsel verpasste dem Backwerk noch einen Zuckerguss, und die Gabeln malten Muster und verstreuten bunte Zuckerperlen auf den Plätzchen.

Schließlich kamen die Plätzchen in den Backofen und erhielten auch bald ihre goldbraune Farbe. Jetzt duftete es im ganzen Haus nach frisch gebackenen Plätzchen. Doch die Stunde war bald vorbei, und die Küchengeräte würden wieder erstarren.
Schnell holten die Topflappen die Backbleche aus dem Ofen und verteilten die Plätzchen auf einem Teller. Die Handtücher hatten noch ein bisschen Zeit, die Küche sauberzumachen und alles zum Strahlen zu bringen. Als es zur vollen Stunde schlug, waren alle Geräte zurückgekehrt auf ihre Plätze und warteten gespannt darauf, wie die Familie reagieren würde.

Am nächsten Morgen gab es ein großes „Ah“ und „Oh“, als Papa und Mama und bald auch Lukas und Lena in die Küche kamen. Die Kinder fingen sofort an zu essen, bis fast kein Plätzchen mehr da war. Auch Mama und Papa probierten das Weihnachtsgebäck, nachdem sie sich von ihrem Erstauen erholt hatten. Sie waren ganz begeistert davon, wie gut die Leckereien schmeckten.
Schon am nächsten Tag traf sich die ganze Familie zum Plätzchenbacken. Sie hatten gemerkt, dass Selbstgebackenes viel besser schmeckt als das ganze gekaufte Zeug. Von diesem Tag an wurde jedes Mal in der Weihnachtszeit gebacken und auch viel häufiger gekocht.
Doch immer wieder fragten sich Mama und Papa und auch Lena und Lukas, wer damals die Plätzchen gebacken hatte. Wenn sie heute genau hinschauen würden, könnten sie sehen, wie sich manchmal die dicke Teigrolle und der Schneebesen zulächeln oder den Löffeln und dem Salzstreuer zuzwinkern.

### Spielanregung

*Lesen Sie die Geschichte vor und überlegen Sie gemeinsam, wie die Handlung umgesetzt werden kann. Vielleicht werden die Plätzchen von kleinen Sandsäckchen dargestellt. Oder es gibt die entsprechenden Geräte aus der Küche, und die Kinder begleiten die Aktionen mit entsprechenden Klängen.*

## Weihnachten überall

*Wolfgang Hering*

Wir feiern hier in Deutschland,
Weihnachten wie's uns gefällt.
Doch dieses Fest gibt's auch anderswo
fast auf der ganzen Welt.

Die Engländer schreiben Karten,
und Plumpudding ist in.
Santa Claus kommt durch den Schornstein,
und Geschenke sind in Socken drin.

In Italien gibt es tolle Krippen,
die Hexe Befana fliegt ums Haus.
Beliebt sind Rosinenbrote,
und die Kinder stellen Schuhe raus.

Am Weihnachtsbaum in Polen,
da hängt viel Lametta dran.
Sie essen sehr gerne Karpfen,
das kommt bei den Leuten gut an.

Die Russen feiern an Neujahr,
Salat ist geschätzte Kost.
Das Schneemädchen bringt Geschenke,
begleitet von Väterchen Frost.

Amerika feiert „Christmas".
Die Rentiere gehn dort voran.
Sic trinken Milch und essen Zucker,
und am Haus sind viel Lichter dran.

Die Dänen essen Früchtekuchen,
der „Julemand" kommt zum Fest.
Am Weihnachtsbaum liegen die Nüsse,
und Fähnchen sind im Geäst.

In Frankreich liebt man das Essen
mit allem Drum und Dran.
Maronen gibt's auch und Pasteten,
und „Père Noël" heißt der Weihnachtsmann.

Sogar in Indien unter Palmen
ist Weihnachten ganz bunt.
Bananenstauden sind Weihnachtsbäume.
Mit Tanz und Musik geht es rund.

So wird das Fest gefeiert,
fast überall auf der Welt.
Weihnachten ist, was den Menschen
hier und anderswo gut gefällt.

## Spielanregung

*Schreiben Sie jeden Vierzeiler auf ein Kärtchen, und teilen Sie die Kinder in verschiedene Gruppen auf. Suchen Sie die Flaggen der einzelnen Länder heraus. Jede Gruppe stellt ihr Weihnachten vor. Achten Sie auf die Aussprache. „Santa Claus" wird wie etwa „Santa cloos" mit langem „O" gesprochen. In „Père Noël" wird das zweite „e" im ersten Wort nicht gesprochen und am Ende die zweite Silbe betont, „Plum" wird mit „A" als Vokal gesprochen. Für ein internationales Weihnachtsfest können Sie typische Speisen der einzelnen Länder mit Bildern zeigen oder einige Kostproben direkt zum Probieren anbieten.*

# Der Nussbaum hat sein Laub verlorn

Nr. 7

*Texte 2. + 3. Strophe: Wolfgang Hering*

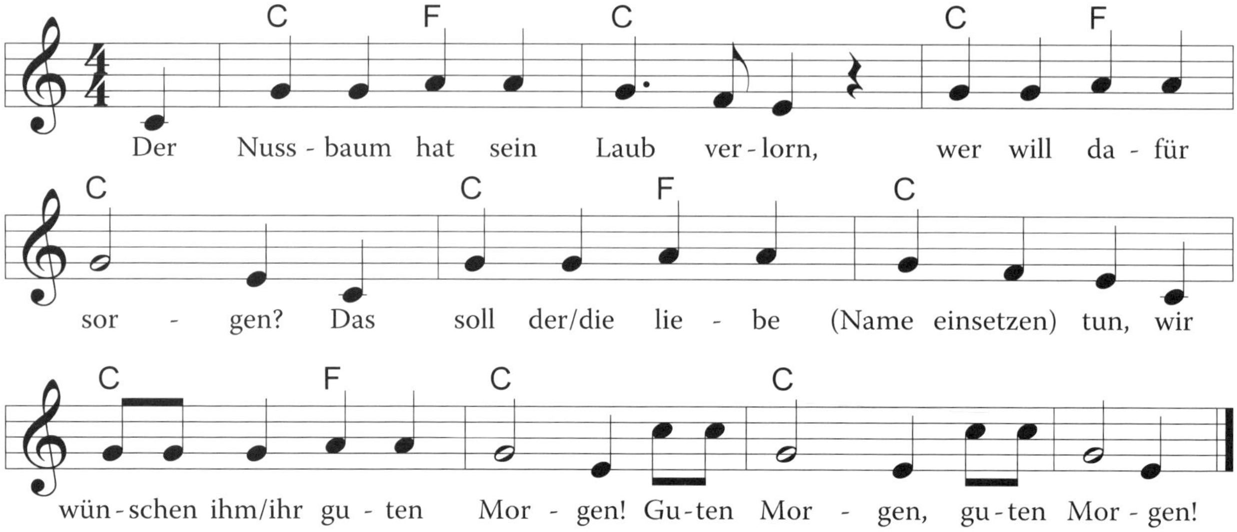


Der Nussbaum hat sein Laub verlorn,
wer will dafür sorgen?
Das soll die/der liebe *(Name einsetzen z. B. Anna/Lukas) tun,*
wir wünschen ihr/ihm
guten Morgen! Guten Morgen, guten Morgen!

Du nimmst den Besen in die Hand,
jetzt musst du dich bewegen.
Du knüpfst dir ein paar Blätter vor
und zeigst uns hier das Fegen, das Fegen, das Fegen.

Zwischenspiel

Du gibst dann deinen Besen gleich
an den nächsten besten,
denn neue Blätter fallen nun,
der Wind bläst in den Ästen, den Ästen,
den Ästen.

Strophe 1

### Spielanregung

*Dieses alte Namensspiel können Sie in mehreren Varianten umsetzen. Die traditionelle Form besteht darin, wie in der ersten Strophe den Namen eines Kindes einzusetzen.*
*Ein Kind steht in der Kreismitte. Bei „Guten Morgen" verbeugen sich alle vor ihm. Das Kind kehrt pantomimisch das Laub weg, danach sucht es sich ein anderes Kind, das in die Mitte kommt. Beim nächsten Durchgang wird der neue Name gesungen und der Text entsprechend angepasst.*
*Selbstverständlich lassen sich die Baumbezeichnungen auch verändern, z. B.: „Der Kirschbaum hat sein Laub verlorn."*

#### Variante:

*In der zweiten und dritten Strophe können Sie mit ihren Kindern ein kleines Bewegungsspiel probieren. In meiner Fassung wird im zweiten Abschnitt gekehrt und im dritten der Besen an ein anderes Kind weitergegeben. Führen Sie mehrere Durchgänge durch, bis alle Kinder dran waren.*

## Das Nüssespiel

*Wolfgang Hering*

Ich habe hier zwei Nüsse,
die ess ich liebend gern,
mit außen harter Schale
und innen weichem Kern.

Bevor wir sie gleich knacken,
da spielen wir noch damit.
Wir reiten auf den Pferden
Galopp und dann im Schritt.

Wir wandern mit den Nüssen
in einen dunklen Wald.
Dort werden wir ganz leise,
und plötzlich ruft es „Halt".

Ein Zauberer steht vor uns
mit Zwergen und Riesen und Trollen.
Jetzt hört man unsre Nüsse,
wie sie am Boden rollen.

Der Zauberer verschwindet,
der Spuk ist gleich vorbei.
Das alles war am Ende
nur eine Spielerei.

Der Nussknacker wird heute
mal wieder ausgepackt
und unsre guten Nüsse
mit aller Kraft geknackt.

### Spielanregung

*Jedes Kind hat zwei Nüsse in der Hand. Sie sprechen das Gedicht, mit denen es die verschiedenen Rhythmen begleitet. „Galopp" ist ein punktierter Rhythmus, „Halt" ein fester Schlag. Dann reiben sich die Nüsse aneinander. Zum Schluss werden die Nüsse wirklich geknackt. Vielleicht gibt es zur Belohnung einen Nusskuchen.*

# Der Bratapfel

Fritz und Emilie Kögel

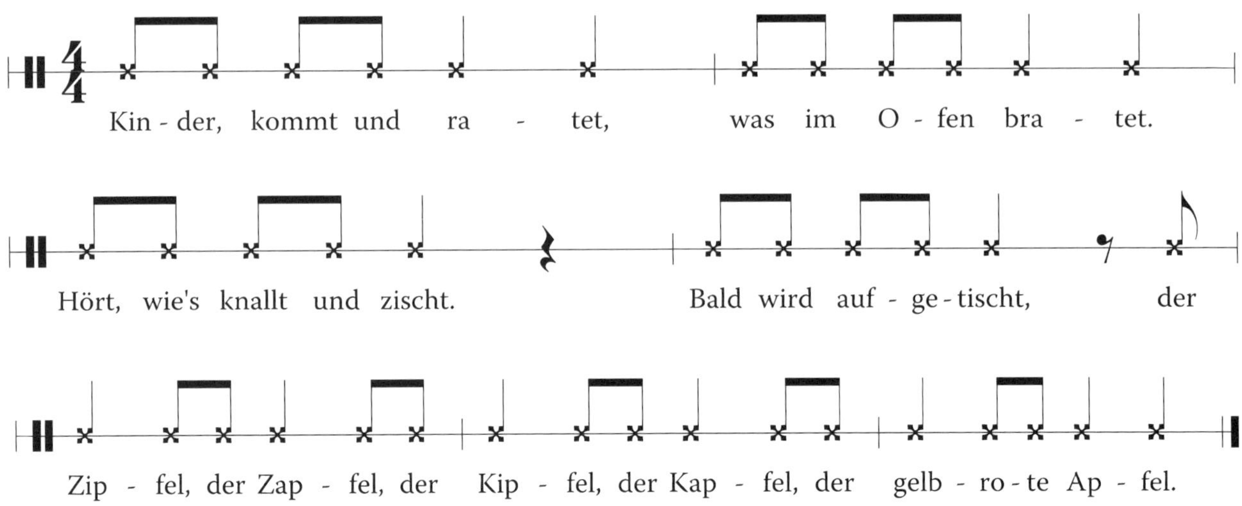


Kinder, kommt und ratet,
was im Ofen bratet.
Hört, wie's knallt und zischt.
Bald wird aufgetischt,
der Zipfel, der Zapfel,
der Kipfel, der Kapfel,
der gelbrote Apfel.

Sie pusten und prusten,
sie gucken und schlucken,
sie schnalzen und schmecken,
sie lecken und schlecken,
den Zipfel, den Zapfel,
den Kipfel, den Kapfel,
den knusprigen Apfel.

Kinder, lauft schneller,
holt einen Teller.
Holt eine Gabel.
Sperrt auf den Schnabel,
für den Zipfel, den Zapfel,
den Kipfel, den Kapfel,
den goldbraunen Apfel.

## Spielanregung

*Sie können dieses Stück, geschrieben wohl im Jahr 1901, entweder als rhythmischen Vers sprechen und dabei durchklatschen (siehe Notenbild) oder mit Äpfeln bzw. Luftballons oder kleinen Bällen in Szene setzen.*

## Variante für Jüngere:

*Sie machen vor dem letzten Wort der Strophe eine Pause und lassen die Kinder den „Apfel" raten.*

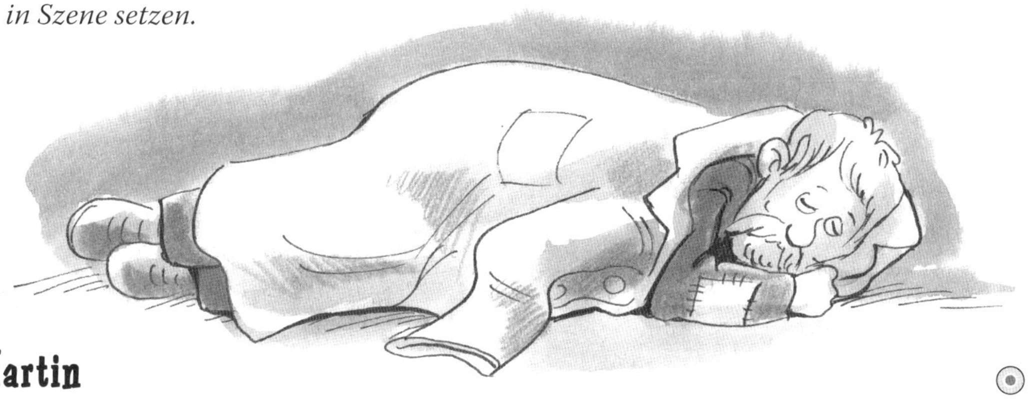

## Sankt Martin

*überliefert*

Nr. 8

Sankt Martin, Sankt Martin, Sankt Martin ritt
durch Schnee und Wind,
sein Ross, das trug ihn fort geschwind.
Sankt Martin ritt mit leichtem Mut,
sein Mantel deckt ihn warm und gut.

Im Schnee saß, im Schnee saß, im Schnee,
da saß ein armer Mann,
hatt' Kleider nicht, hatt' Lumpen an:
„Oh helft mir doch in meiner Not,
sonst ist der bittre Frost mein Tod!"

Sankt Martin, Sankt Martin, Sankt Martin
zieht die Zügel an,
das Ross steht still beim braven Mann.
Sankt Martin mit dem Schwerte teilt
den warmen Mantel unverweilt.

Sankt Martin, Sankt Martin, Sankt Martin
gibt den halben still,
der Bettler rasch ihm danken will.
Sankt Martin aber ritt in Eil
hinweg mit seinem Mantelteil.

*Zu dem Lied sind mir noch zwei weitere Strophen bekannt:*

Sankt Martin, Sankt Martin, Sankt Martin,
sporne du uns an,
dass jeder Liebe geben kann!
Bring Licht in unsre dunkle Welt,
dass es der Menschen Herz erhellt!

Sankt Martin, Sankt Martin, Sankt Martin,
mach uns hilfsbereit
und lass uns teilen unsre Zeit
und mach uns immer mehr bereit,
die Not zu sehen weit und breit.

### Spielanregung

*Die bekannte Geschichte lässt sich gut als Rollenspiel mit zwei Kindern aufführen. Ein Kind sitzt als Bettler auf der Erde. Sankt Martin kommt herangaloppiert, hält an und gibt seinen Mantel an den Armen weiter.*

## Die Legende vom heiligen Martin

*überliefert*

Martins größter Wunsch war, einmal Soldat im Heer des römischen Kaisers zu werden. Deshalb trat er schon früh in dessen Heer ein. Er war noch nicht einmal 18 Jahre alt. Martin war mutig und tapfer. Er hatte viele Freunde. Aber besonders stolz war er auf sein Pferd. Für Martin gab es nichts Schöneres, als auf seinem Pferd durch die Stadt zu reiten. Sogar im Winter machte er einen Ausritt und sattelte sein Pferd.

An einem Abend war es besonders kalt. Auf den Straßen lag dicker Schnee. Trotzdem sattelte Martin sein Pferd und führte es aus dem Stall. Als er durch die Straßen ritt, begegnete ihm kein Mensch. Allen war es viel zu kalt. Die Menschen hockten lieber daheim am Feuer.

Doch plötzlich zügelte Martin sein Pferd. Da lag doch etwas im Schnee am Straßenrand. War es ein Tier? War es ein Mensch? Vorsichtig ritt Martin näher. Da hörte er ein leises Stöhnen. Als er vor sich niederblickte, sah er einen Bettler, der nur Lumpen am Körper trug.

„Ich friere so!“, jammerte er.

Martin zögerte nicht. Er griff nach seinem Schwert, nahm seinen Mantel von den Schultern und teilte ihn in zwei Hälften. „Das schenke ich dir.“, sagte Martin und gab dem Bettler eine Mantelhälfte.

„Danke!“, sagte der Bettler leise und wickelte sich in das Mantelstück ein. Martin setzte sich auf sein Pferd und ritt davon.

Nachts hatte Martin einen Traum. Er träumte, dass der Bettler ihm erschien und das der Bettler Jesus war. Martin hatte Jesus seine Mantelhälfte geschenkt.

Martin musste immer wieder darüber nachdenken.

Eines Tages verließ er das Heer des Kaisers. Er wollte kein Soldat mehr sein. Er wollte nur noch Diener Gottes sein. Er ließ sich taufen und trat in ein Kloster ein. Er wurde später sogar ein berühmter Bischof. Sein ganzes Leben lang hat er den Armen geholfen.

### Spielanregung

*Sie können diese Fassung der überlieferten Legende vorlesen, und zwei Kinder stellen Martin und den Bettler dar.*

# 3. Der Nikolaus hat viel zu tun

## Der Nikolaus

*Fingerspiel, überliefert, leicht überarbeitet*

Aus einem klitzekleinen Haus,
da schaut der Nikolaus heraus,
hat eine Brille klein und rund,
ein langer Bart verdeckt den Mund.
Er zieht nun seine Stiefel an,
damit er losmarschieren kann.
Auf dem Rücken huckepack,
da trägt er einen großen Sack.
Die Sterne ziehen nun voran,
damit er alles sehen kann.
Er holt ganz leis vor jedem Haus
ein Päckchen aus dem Sack heraus.
Der Sack ist leer, wie ist das schön,
nun kann er schnell nach Hause gehn.
Der Nikolaus kommt nicht mehr raus.
Er ruht sich nun ganz lange aus.

## Spielanregung

*Das Stück kann gut mit Gesten dargestellt werden. Finden Sie Figuren für Haus, Brille, Bart, Stiefel, Sack, Sterne, bis alle zum Ausruhen die Beine ausstrecken.*
*Meine Vorschläge: Die Brille mit Daumen und Zeigefinger vor den Augen darstellen; den Bart unter dem Kinn andeuten; die Stiefel theatralisch anziehen; den Sack über die Schulter werfen; die Sterne sind gestreckte Finger; dann unsichtbare Päckchen herausnehmen; am Ende laufen alle nach Hause.*

# Der Nikolaus hat viel zu tun

Nr. 9

*Text: W. Hering/B. Meyerholz | Musik: B. Meyerholz*

Der Nikolaus hat viel zu tun,
hat keine Zeit sich auszuruhn.
Geschenke bringt er immer in einer
einz'gen Nacht.
Ich frag mich, wie er das wohl macht:

**Refrain:**
Womit rast der Nikolaus von Haus zu Haus? 2×

Kommt er etwa mit 'm Motorrad
und rast über die Autobahn,
oder kommt er mit 'm dicken LKW
mit hundert Sachen angefahrn?

Bestimmt kommt er mit der Eisenbahn
oder mit 'm Omnibus
oder er kommt mit 'm Taxi angerast,
weil er sich immer so beeilen muss.

Vielleicht kommt er mit 'm Skateboard,
oder er hat Rollschuh an,
oder er kommt auf 'm Besenstiel,
oder er kommt mit der Seilbahn,
oder er kommt mit 'm Schlauchboot …?

Der Nikolaus kommt mit 'nem Schlitten,
und gar nicht mit dem LKW.
Es ziehn ihn seine Pferde in der Nacht
durch den tiefen, schönen Glitzerschnee.

Damit reist der Nikolaus …

## Spielanregung

*Das Stück lebt davon, dass die Kinder besser wissen, wie der Nikolaus sich fortbewegt. Regen Sie die Kinder zum Mitsingen an, und teilen Sie zusätzlich ein paar Glöckchen aus, die dann im Refrain zum Einsatz kommen. In den Strophen werden die einzelnen Fahrzeuge dargestellt: Motorrad, Eisenbahn, Skateboard, Rollschuhe etc. Lassen Sie die Kinder ruhig etwas „zappeln", indem Sie weitere verrückte Fahrzeuge nennen, mit denen der Nikolaus seine Fahrt unternimmt. Sie können auch die Rentiere durch Pferde ersetzen.*

## Bimmelt was die Straße lang,

*überliefert*

Bimmelt was die Straße lang,
kling und klang und kling und klang,
hält ein Schlitten vor dem Tor,
und ein Schimmel schnauft davor.

Aus dem Schlitten vor dem Haus
steigt der Nikolaus heraus.
Durch den Schnee stapft er daher.
Oh, wie ist sein Sack so schwer.

Braven Kindern in dem Haus
leert er seinen Sack wohl aus.
Kling und klang und kling und klang,
weiter geht's die Straße lang.

Bimmel bammel bu,
der Nikolaus bist du.

## Spielanregung

*Erst drehen sich alle Kinder im Kreis. Dann übernimmt ein Kind die Rolle des Nikolaus, kommt in den Kreis und zeigt, wie schwer sein Sack ist. Der letzte Zweizeiler wird abgezählt, und das nächste Kind übernimmt bei einem neuen Durchgang die Rolle des Nikolaus. Einzelne Kinder können das Geschehen mit Glöckchen begleiten.*

## Nikolausmützenspiel

Ein Kind setzt eine Nikolausmütze auf. Sie legen poppige Musik auf. Die Kinder bewegen sich dazu frei im Raum. Nun darf das Nikolauskind seine Mütze einem anderen Kind aufsetzen. Das wiederum versucht, sie so schnell es geht loszuwerden. Wenn die Musik stoppt, wird geschaut, wer gerade die Mütze auf dem Kopf hat. Dieses Kind gibt ein Pfand ab (z. B. einen Handschuh), das dann später mit kleinen Bewegungsaufgaben wieder eingelöst wird.

### Variante:

*Die Kinder mit der Mütze scheiden nacheinander aus. Ein Nikolauskind bleibt als Sieger übrig.*

## Lasst uns froh und munter sein

Nr. 10

*überliefert*

**Refrain:**
Lasst uns froh und munter sein
und uns recht von Herzen freun!
Lustig, lustig, tralalalala,
bald ist Nikolausabend da,
bald ist Nikolausabend da.

Dann stell ich den Teller auf,
Niklaus legt gewiss was drauf.

Wenn ich schlaf, dann träume ich:
Jetzt bringt Niklaus was für mich.

Wenn ich aufgestanden bin,
lauf ich schnell zum Teller hin.

Niklaus ist ein guter Mann,
dem man nicht g'nug danken kann.

… bald/heut ist Niklausabend da.

## Spielanregung

*Dieses bekannte Lied aus dem Hunsrück ist der Klassiker für die Nikolausfeier. Je nachdem, wann sie stattfindet, wird die letzte Zeile textlich angepasst. Die Kinder können auch aktiv bei jeder Strophe mitmachen:*

1. *Mitklatschen*
2. *Eine Hand als Teller waagrecht halten*
3. *Zwei Hände werden zum Kopfkissen*
4. *Auf der Stelle mitlaufen*
5. *Einen Zeigefinger hochstrecken*

## Klopf, klopf, klopf

*überliefert/Wolfgang Hering*

„Wer klopft an meiner Tür?",
fragt der Knubbeldaumen hier.
„Ich geh nicht hin, ich trau mich nicht,
nachher steht da ein Bösewicht."
Der Lange sagt: „Ich habe Schiss,
ein Fremder ist es ganz gewiss!"
Der Mittlere macht sich klitzeklein,
er will nicht an der Türe sein.
Der Ringfinger sagt: „Ich bin heut krank!"
und versteckt sich schnell im Schrank,
Der Kleinste sagt: „Ich geh nun raus –
vielleicht ist es der Nikolaus!"
Gesagt, getan, die Tür macht er auf,
und findet den Teller mit Süßem drauf.

## Spielanregung

*Es beginnt mit einem Klopfen, dann werden die ersten vier Zeilen gesprochen und mit einem Daumen dargestellt. Wieder klopfen alle mit, bis sich der Zeigefinger präsentiert. Danach wiederholt sich der Ablauf. So geht es weiter, bis am Ende der kleine Finger auftritt.*

## Der Zauberschal

*Wolfgang Hering*

Ein **Zau**berschal, ein **Zau**berschal,
ver**zau**bert uns mit **ei**nem Mal.
Er **lässt** uns Zauber**we**sen sein
und **je**der friert zum **Denk**mal ein.

**Ho**kus pokus, **Kin**derschar.
**Ihr** steht da ganz **still** und starr.
**Passt** jetzt alle **auf** mal hier,
**ich** verzaubre **euch** bei Vier:
**Eins**, zwei, drei, **vier**.

**Ihr** seid alle: (Elfen, Trolle, Ameisen, Frösche, Störche, Kuckucksuhren etc.)

## Spielanregung

*Ein Kind ist der Zauberer, der einen Zauberschal durch die Lüfte wirbelt. Dann wird der Vers gesprochen. Zu den ersten vier Zeilen laufen alle durch die Gegend. Dann frieren sie bei „starr“ ein, um dann am Ende in ein Tier oder ein anderes Wesen verzaubert zu werden. Vorher zählt der Zauberer von eins bis vier und schwenkt dabei seinen Zauberschal.*

## Der Schlitten und die Glöckchen

*Wolfgang Hering*

Der Nikolaus hat mehrere Schlitten. Einer steht schon seit Jahren in einem alten Schuppen hoch oben im Norden und ist schon lange nicht mehr benutzt worden. Er ist sehr schmutzig und muss durch die Waschstraße gezogen werden. Wer setzt sich einmal auf den Schlitten? Wir wollen ihn alle gemeinsam säubern.
*Ein Kind setzt sich auf einen Rollwagen oder ein Skateboard. Dieses wird von einem Erwachsenen gezogen, und die anderen Kinder klopfen dem Kind sanft auf den Rücken.*
Nun bekommt der Schlitten zwei neue Glöckchen. Hört mal, wie er bimmeln kann.
*Das Kind auf dem Rollwagen bekommt zwei Glöckchen, wird eine Runde gezogen und darf dabei bimmeln.*

Hört ihr es klingeln in der Nacht,
dann ist der Nikolaus aufgewacht.
Jetzt muss der Schlitten über einen schmalen Steg geführt werden, achtet darauf, dass er seitlich nicht vom Wege abkommt.
*Der Rollwagen wird über ein paar aneinandergehängte Matten gezogen. Das Kind muss darauf achten, dass es nicht umkippt.*
Dann kommt eine enge Schlucht, und es gilt, nicht an die Wand zu stoßen.
*Zwei Turnkästen sind nebeneinander aufgestellt, und der Rollwagen wird hindurchgezogen.*
Dann kommt eine Eisfläche. Die ist viel zu glatt für den Schlitten. Ihr steigt ab, haltet die Hände auf dem Schlitten und versucht, vorsichtig diesen Abschnitt zu bewältigen.
*Das Kind muss nun selbstständig den Rollwagen nach vorne schieben.*
Nun kommen ein paar große Eisbälle, die in der Landschaft liegen. Der Schlitten muss um die Hindernisse geführt werden.
*Sie haben ein paar Medizinbälle oder andere Hindernisse so verteilt, dass der Schlitten mit seinem Passagier dazwischen fahren kann.*
Stellt euch vor, jetzt kommen kleine Wolken. Ihr müsst von einer Wolke zur anderen hüpfen, dürft aber euren Schlitten nicht verlieren.
*Reifen oder Matten sind am Boden verteilt. Das Kind muss nun von einer zur anderen Fläche springen und nebenbei auch seinen Schlitten transportieren, z. B. so anstoßen, dass der auch richtig ankommt.*
Weitere Schwierigkeiten müssen überwunden werden.
*Hier können Sie Bänke als Hindernisse aufstellen.*
Am Schluss gibt es einen Slalom durch einen Zauberwald, bis schließlich der Schlitten sein Ziel erreicht hat.
*Kleine Kästen oder Tücher stellen den Zauberwald dar.*

## Spielanregung

*Sie schauen einfach, was es in der Turnhalle oder in Ihrem Spielraum an Elementen gibt, die für diesen Hindernissparcour aufgebaut werden können.*

# 4. Adventskranz – Lichterglanz

## Die vier Adventskerzen

*Wolfgang Hering*

Das ist hier ein großer Kranz,
wir sind jetzt im Advent.
Vier Kerzen stehn da unberührt,
von denen keine brennt.
An einem Sonntag beginnt für uns
die besondere Weihnachtszeit.
Wir zünden die erste Kerze an,
sie bringt Gemütlichkeit.
Die kurzen Tage vergehen schnell,
eine Woche später sodann,
am Sonntag wieder zünden wir
eine weitere Kerze an.
Beim dritten Mal wird's heller noch,
es brennen nun drei im Verein.
Wir essen Plätzchen und trinken Tee
zum munteren Kerzenschein.
Und schließlich leuchten alle vier,
es strahlt der ganze Kranz.
Und an den Wänden flackert wild,
ein munterer Flammentanz.
Die Kerzen schrumpfen nach und nach.
Ihr Ende, das liegt auf der Hand,
sie sind dann alle irgendwann
verbraucht und abgebrannt.

### Spielanregung

*Ein Fingerspiel für vier Finger. Sie zeigen erst mit den beiden Armen einen großen Kranz. Dann beginnen Sie mit dem Zeigefinger. Mit jeder Kerze komme ein Finger hinzu. Am Ende ziehen sich die Finger zur Faust zusammen.*

#### Variante:

*Es können auch vier Kinder das Stück als Rollenspiel darstellen. Erst stehen die Kerzen gerade, dann werden sie immer kleiner und sacken am Ende in sich zusammen,*

## Sonne, Mond und Sterne

*Clara und Wolfgang Hering*

Ihr kennt doch alle die Sonne, die immerzu wie ein Feuerball glüht. Sie bescheint die Erde den ganzen Tag und da sich diese dreht, ist es dort einmal Tag und einmal Nacht. Viele Menschen wissen nicht, dass die Sonne auch ein Gehirn hat und denken kann.

Ich will auch einmal Dunkelheit sehen können, denkt sich die Sonne. Um mich herum strahlt es immer hell, und es gibt keine Schatten. Ich würde so gerne einmal Schnee und Kälte erleben.
Doch die Sonne ist nicht allein da oben im Weltraum. Sie hat auch viele liebe Freunde, denen sie immer beim Funkeln zuschauen kann, wenn es ihr nicht gut geht und sie ein bisschen Ablenkung braucht. Das sind die Sterne. Sie sind ganz weit weg von der Erde, man kann sie aber trotzdem am Nachthimmel hell blinken sehen. Die Sterne leuchten auch Tag und Nacht, aber wir können sie nur in der Nacht sehen. Wenn man dann mal raus geht und in den Himmel schaut, kann man manchmal auch ein Sternbild erkennen. Es gibt den großen und den kleinen Wagen und viele andere Bilder. Kennt ihr welche?
Und dann ist noch der gute alte Mond am Himmel anzutreffen. Er ist immer kalt, und man sieht ihn nur, weil er von der Sonne angestrahlt wird. Er ist oft erkältet, weil immer nur eine Seite von der Sonne angestrahlt wird und er auf der anderen Seite friert. Deswegen kann es passieren, dass er schlechte Laune hat und am liebsten irgendwohin, wo es warm ist, verschwinden würde. An solchen Tagen wird auch er von den lieben Sternen unterstützt. Sie versuchen, so nah wie möglich an ihn heranzukommen und geben so viel Wärme ab, wie sie nur können. Dann geht es dem Mond schon gleich besser, und ein großes Lächeln breitet sich auf seinem Gesicht aus. Doch auch wenn er die meiste Zeit zufrieden mit seinem Leben ist, fragt er sich immer wieder, wie es wäre, einmal die Wärme der Sonne ganz nah bei sich zu haben. Allerdings hat er noch nie mit der Sonne geredet und sie auch nicht von Nahem gesehen.

Heute ist es besonders kalt, und der Mond fasst einen Entschluss. Heute gehe ich die Sonne besuchen, denkt er sich. Doch dann bemerkt er, dass er sich nur um die Erde herum und nicht von ihr weg bewegen kann. Gerade fängt er an, wieder traurig zu werden, als ihn die Sterne besuchen. Im Chor rufen sie: „Wir haben eine Idee: Du gibst der Sonne etwas von deiner Kälte ab, und die Sonne gibt dir etwas von ihrer Wärme ab. Das ist genug für euch beide."
Die Sterne kommen ganz nah an den Mond heran und ziehen fast die ganze Kälte aus ihm heraus. Dann fliegen sie zur Sonne und ziehen ganz viel Wärme aus ihr heraus. Die Wärme geben sie an den Mond ab und die Kälte an die Sonne.
Die Sonne freut sich sehr, endlich spürt sie auch mal, was Kälte eigentlich ist. Doch nach einiger Zeit fängt sie an zu frieren. So toll ist Kälte ja gar nicht, denkt sie sich und schaut dem Mond dabei zu, wie er schwitzt. Der findet es nicht angenehm, wenn ihm so heiß ist.
Da tauschen die Sterne Wärme und Kälte wieder aus und fliegen auf ihre Plätze zurück, um am Nachthimmel zu funkeln.
Von diesem Tag an waren der Mond und die Sonne nie wieder schlecht gelaunt, es gefällt ihnen seitdem so, wie es ist. Die Sonne, der Mond und die Sterne erzählen sich jetzt jeden Abend, was sie den Tag über erlebt haben und freuen sich, dass es ihnen gut geht.

## Spielanregung

*Sie erzählen die Geschichte und verabreden mit den Kindern, was sie bei den drei Begriffen machen wollen.*

1. *Sonne: Mit den Händen einen großen Kreis formen*
2. *Mond: Ein Arm bildet seitlich einen Halbmond*
3. *Sterne: Die Hände gehn nach außen und erzeugen viele kleine Sternenpunkte in der Luft.*

## Variante mit Musik:

*Sie nehmen für die drei Wörter jeweils den Klang eines Instrumentes:*

1. *Sonne: Rassel*
2. *Mond: Trommel*
3. *Sterne: Triangel*

*Wenn genügend Instrumente vorhanden sind, können Sie das Spiel auch gut mit drei Kleingruppen durchführen.*

*Sollten keine Instrumente vorhanden sein, nehmen Sie einfach drei körpereigene Klanggesten:*

1. *Sonne: klatschen*
2. *Mond: patschen*
3. *Sterne: mit der Zunge schnalzen.*

## Der Lichterzug

Nr. 11

*Text/Musik:* Wolfgang Hering

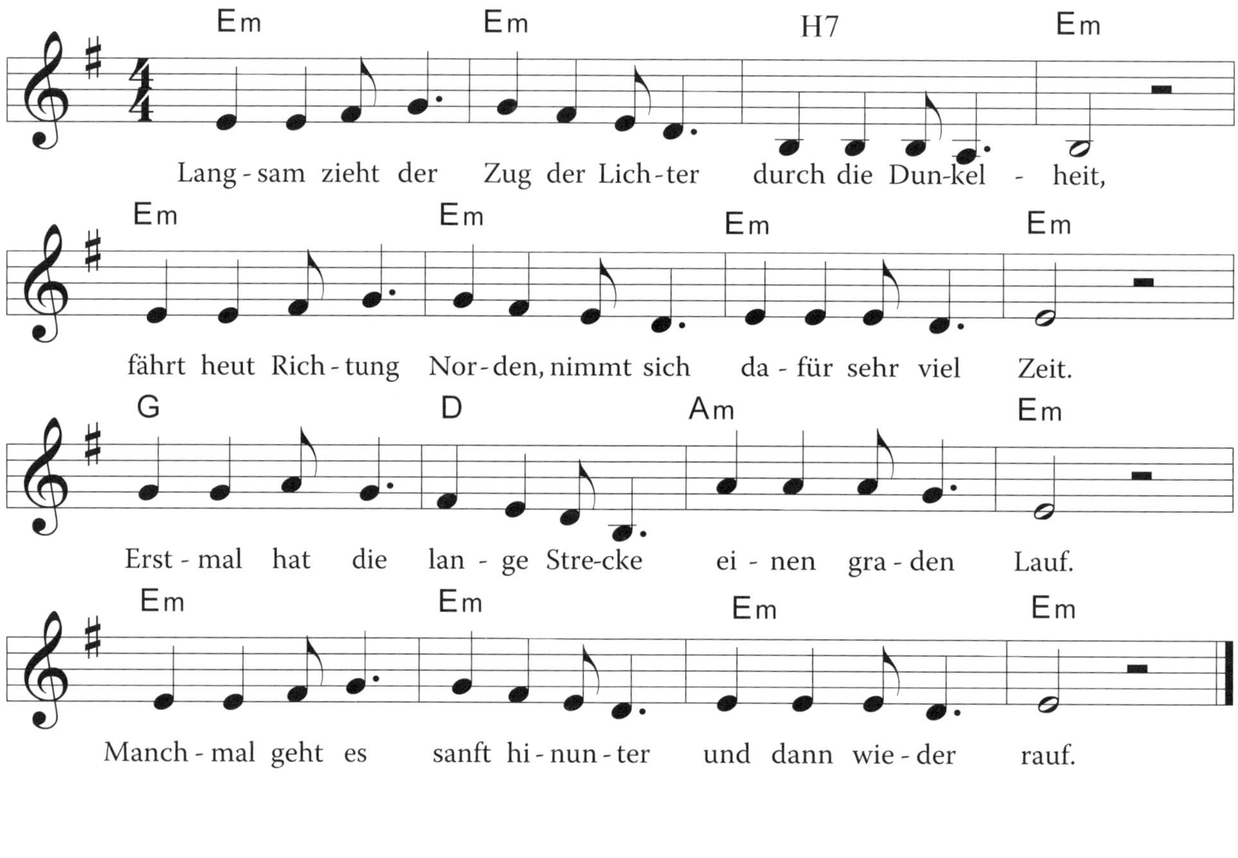

Langsam zieht der Zug der Lichter
durch die Dunkelheit,
fährt heut Richtung Norden,
nimmt sich dafür sehr viel Zeit.
Erstmal hat die lange Strecke
einen graden Lauf.
Manchmal geht es sanft hinunter
und dann wieder rauf.

Unser Zug macht einen Bogen,
strahlt in einer Tour.
Feierlich, so zieht er seine
helle, lange Spur.
Dann verwandelt sich die Kurve,
schlängelt andersrum.
Unser Lichterzug, der macht sich
wie ein Faden krumm.

Jetzt fährt er um einen Berg rum,
sucht sich dort sein Gleis.
Rundherum geht's immer höher,
fast so wie im Kreis.
Danach fährt der Zug dann weiter,
ähnelt einer Acht,
Seht, es treffen sich zwei Kreise,
in der dunklen Nacht.

Und die Lichter werfen Schatten
auf das weite Land.
Manchmal tanzen da Gespenster
draußen an der Wand.
Ja, dann hat die Karawane
endlich doch genug.
Diese Fahrt war lang gewesen,
jetzt gleich hält der Zug.

Und das Tempo wird ganz langsam,
Lichter schimmern fahl,
leuchten noch mal munter auf
zum allerletzten Mal.
Schließlich suchen alle Wagen
einen Ruhepol.
Unser Zug mit seinen Lichtern
sagt leis Lebewohl.

## Spielanregung

*Jedes Kind bekommt ein Teelicht, das am besten in einem kleinen Glas steht, damit die Flamme geschützt ist. Möglich (aber nicht so stimmungsvoll) sind auch kleine Taschenlampen. Verdunkeln Sie den Raum. Sprechen Sie mit den Kindern den Ablauf ab.*

*Die Zugfahrt hat verschiedene Abschnitte:*

1. *Geradeaus fahren*
2. *In einer Schlangenlinie kurven*
3. *Im Kreis fahren und dann einer liegenden Acht folgen*
4. *Freie Fahrt; die Lokomotive sucht sich ihren eigenen Weg*
5. *Am Ende kommt der Zug zur Ruhe, und die Lichter gehen aus, d. h. alle Kinder pusten ihre Kerze aus*

# Ein Sternenkind besucht die Erde

*überliefert*

Es war einmal ein Sternchen auf der Himmelsstraße, das glitzerte und funkelte, dass es eine Lust war. Sogar der Mond, dem alle Sterne untertan sind, hatte seine helle Freude an dem blitzblanken Sternenkind. Dem Sternchen gefiel es aber nicht mehr am Himmel, es wollte die ganze Welt, die große und schöne Welt sehen. Schon einige Male hatte es versucht auszureißen, aber immer wurde es zurückgehalten.

Kurz vor Weihnachten versuchte das Sternchen nun wieder davonzulaufen. Als der Nikolaus seine Säcke auf einen riesigen Schlitten packte, versteckte es sich in einem leeren Sack und fuhr unbeachtet mit zur Erde. Nikolaus begann seine Erdenreise am 6. Dezember in einem kleinen Dorf im Gebirge. Von dort fuhr sein Schlitten leicht bergab in die anderen Dörfer und in die Stadt. An manchen Fensterläden pochte der bärtige Mann, verteilte Geschenke und, wenn nötig, strafte er die Ungehorsamen.

Neugierig schaute das Sternenkind aus seinem Sack und sah dem Treiben zu. Mit der Zeit wurde es ihm aber auf dem Schlitten zu langweilig. Schnell streifte es seinen Sack ab und rannte die dunkle Dorfstraße entlang. Dort wollte gerade der alte Nachtwächter, bewaffnet mit Laterne und Spieß, die zehnte Stunde ansingen. Als er das Sternchen erblickte, blieb ihm vor Schreck sein Vers in der Kehle stecken. Pfeilschnell rannte das hell blinkende Sternenkind die Straße weiter zum Hirschkopf, einem kleinen Hügel im nahe gelegenen Wald. In einer Lichtung setzte es sich zum Verschnaufen nieder, und müde von der Aufregung schlief es ein.

Wie ein riesiger Feuerball leuchtete das schlafende Sternchen aus dem tiefschwarzen Wald, und erschrocken standen viele Tiere von ihren Lagern auf: Meister Reineke Fuchs, Grimmbart der Dachs, Bambi das Reh, und selbst Troll, der schlanke rotbraune Rehbock, musste nach der Ursache des hellen Feuerscheins sehen. Auch die Vögel, der uralte Uhu, die sanften Wildtauben, die Tannenmeisen und die Eichelhäher, die Fasanen und die Mäusebussarde, kurz alle

Waldtiere waren hellwach geworden und gingen auf den Feuerschein zu.
Unter einer riesigen Tanne fanden sie schlafend das Sternenkind. Ganz vorsichtig weckte Meister Reineke es auf: „Kleines, glitzerndes, feuriges Wunderkind, was willst du bei uns auf der Erde?", sprach er. „Dein Reich ist doch der riesige Sternenhimmel, den wir Tiere und auch die Menschen so sehr bewundern!" Erschrocken schaute das verschlafene Sternchen mit großen Augen auf die vielen Tiere des Waldes. Zögernd trat nun Meister Lampe in den Kreis und bat das Sternenkind: „Du weißt, so mancher kleiner Hase und auch manches Reh verirrt sich in der Dunkelheit im Wald. Hilf ihnen, du kannst es. Steige jede Nacht auf die höchste Tanne unseres Waldes – und leuchte dem verirrten Tier nach Hause." Das versprach das Sternchen gerne.
Jeden Abend kletterte es nun auf die höchste Tanne des Waldes und half vielen Menschen- und Tierkindern, den Weg zu seinen Eltern wiederzufinden.

Aber eines Nachts hatte das Sternenkind keine Lust mehr, in schwindelnder Höhe geduldig und einsam auszuharren. Es wollte wieder zu seinen Freunden an den Sternenhimmel zurück. Flugs kletterte es von seinem Baum und rannte Tag und Nacht durch Wälder und Felder hinüber in den Steigerwald.
„Wie komme ich wieder in den Himmel, in mein Sternenreich? Meine Freunde und der gute alte Mond werden mich schon sehr vermissen", überlegte sich das Sternlein. Verzweifelt erreichte es eine riesige Höhle, in welcher der Wind hauste. Schüchtern und ängstlich betrat das Sternenkind die Höhle und bat den Wind inständig um Hilfe. „Blas mich zum Himmel hinauf geschwind!" Verwundert über die Störung, hielt der Wind mit seinem Blasen inne und schüttelte erst einmal bedächtig sein mächtiges Haupt. Dann blies er plötzlich seine riesigen Backen weit auf, dass sie fast platzten – und dann blies er los. Mit Donnergetöse fegte das Sternenkind aus der Höhle, es überschlug sich viele, viele Male und sauste mit Riesentempo dem Sternenhimmel entgegen.
Der gute alte Mond, der schon lange seinen Ausreißer vermisst hatte, sah von weitem schon sein verschwundenes Sternlein heranfliegen. Mit offenen Armen fing er das erschöpfte Sternenkind auf und barg es väterlich an seiner Brust. Voller Freude, aber mit Tränen in den Augen, versprach das Sternenkind, nie mehr auszureißen, denn im Sternenhimmel sei es doch schöner als nachts allein im dunklen Wald.

## Spielanregung

*Lesen Sie die Geschichte vor und besprechen dann gemeinsam mit den Kindern, welche Rollen besetzt werden müssen, was für Requisiten gebaut werden, und ob es geeignete Instrumente, für eine Klangkulisse gibt. Lassen Sie den Kindern beim Vorlesen ausreichend Zeit, die Figuren zu interpretieren.*

## Advent, Advent, ein Lichtlein brennt

*überliefert*

Advent, Advent ein Lichtlein brennt,
erst eins,
*Ein Kind jeder Gruppe tänzelt wie eine Kerzenflamme herum. Es hebt seine Arme und zappelt wild mit den Händen*
Advent, Advent ein Lichtlein brennt,
erst eins, dann zwei,
*Jeweils zwei Kinder stellen die Kerzen dar*
Advent, Advent ein Lichtlein brennt,
erst eins, dann zwei, dann drei,
*Ein weiteres Kind kommt hinzu*
Advent, Advent ein Lichtlein brennt,
erst eins, dann zwei, dann drei, dann vier,
*Die Kinder stellen vier Flammen dar*
Advent, Advent ein Lichtlein brennt,
erst eins, dann zwei, dann drei, dann vier,
dann steht das Christkind vor der Tür.
*Die Spielleitung klingelt mit einem Glöckchen*

## Wir wollen Sterne putzen

Nr. 12

*Text/Musik:* Wolfgang Hering

Komm, wir wollen Sterne putzen,
Nikolaus, dann siehst du mehr.
Mit dem Lappen aus dem Keller,
Glanz gefällt dir sicher sehr.

Alles soll ganz hell dort strahlen
auf dem wunderschönen Stern.
In der Mitte wird gerieben,
schnell im Kreis um einen Kern.

Auch die Zacken müssen glänzen,
Licht kommt in die dunkle Nacht.
Und dann auf der Rückenseite,
wird heut großer Putz gemacht.

Auch die andren Himmelskörper
sehen bald fantastisch aus.
Und jetzt leuchten alle Sterne
bis ins allerletzte Haus.

Du fährst dann mit deinem Schlitten,
lieber guter Nikolaus,
findest sicher unsre Straße,
und auch schließlich unser Haus.

## Spielanregung

*Die Kinder helfen beim „Sterneputzen“, indem sie einen imaginären Lappen in der Hand halten. Sie machen Kreis- und Putzbewegungen. Auch die Spitzen müssen sauber werden. Dann kommen die außen liegenden Sterne dran. Die Kinder machen sich für diese Streckbewegung ganz lang. Am Schluss können alle ein Haus in der Luft nachzeichnen.*

### Variante:

*Das Stück wird als Tanz umgesetzt. Zu den Instrumentalabschnitten drehen sich die Kinder im Kreis. Dann bleiben alle für die Strophen stehen und führen die entsprechenden Bewegungen aus.*

## Die Engelskinder

*Clara und Wolfgang Hering*

Wenn ihr auf der Himmelsleiter mal nach oben steigt und euch dann auf der Milchstraße erst nach rechts und an der Galaxiskreuzung nach links begebt, dann erreicht ihr eine rosarote Wolke, die immer sehr belebt ist. Hier leben die jüngeren Weihnachtsengel und besuchen die Engelschule. Sie lernen, wie sie Erdenkinder beschützen und ihnen ein friedliches und glückliches Weihnachtsfest bescheren können. Sie wissen alle, dass es bei so einem wichtigen Fest besonders viel zu tun gibt, da sie das Christkind unterstützen.

Heute sind die Engel besonders munter und spielen ein Spiel, das sie sich ausgedacht haben, um sich die Langeweile zu vertreiben.

Sie verschwinden unter der Wolke und verstecken sich. Gleich darauf tauchen sie an einer anderen Stelle wieder auf und verbergen sich schon wieder unter der Wolke.

Zwischendurch umrunden sie einmal die Wolke und achten dabei darauf, dass die Wolke nicht nach unten sinkt. Die Wolke kann auch höher in den Himmel steigen. Dann haben die Engelskinder viel Platz, unter der Wolke herumzufliegen.

So geht das einige Zeit, bis der Engellehrer kommt und ihnen erzählt, was sie in der heutigen Unterrichtsstunde machen werden: Sie werden lernen, wie man die rosarote Wolke schneien lässt, und sie werden üben, wie man sich unter der Wolke bewegen muss, damit die Schneeflocken wachgerüttelt werden.

Erst fangen die Engelskinder mit einer leichten Übung an und lassen die Schneeflocken nur ganz sachte tanzen, und sie fliegen erst einmal sehr langsam unter der Wolke durch. Immer zwei Engel dürfen fliegen. Der Engellehrer nennt ihre Namen, und schon fliegen sie unter der Wolke hindurch.

Dann dürfen alle Engelkinder zur gleichen Zeit losfliegen. Achtung, kleine Engel, fliegt!

Danach wird es etwas schwerer, denn die Weihnachtsengel sollen es stärker schneien lassen. Sie fliegen schon etwas schneller hin und her. Das höchste Ziel ist es, einen Schneesturm hinzubekommen. Dabei müssen die Engel alles aus sich herausholen und so schnell sie können durcheinander hoch- und runterfliegen.

Nun wird es noch turbulenter. Die Wolke dreht sich, während die Engel unter ihr hindurchtauchen.

Nach der Bewältigung dieser Aufgaben sind die Engelskinder sehr glücklich, dass sie schon mit den großen Engeln mithalten können und einen richtigen Schneesturm geschafft haben.

## Spielanregung

*Ein großes Schwungtuch, das von mehreren Erwachsenen gehalten wird, stellt die Wolke dar. Die Kinder verschwinden als Engel kurz unter der Wolke, dann tauchen sie wieder auf, „fliegen" nach außen und suchen sich wieder ein Versteck unter der weißen Decke. Das Tuch kann ganz hochfliegen. Die Erwachsenen strecken dafür ihre Hände so hoch es geht. Dann wird der weitere Verlauf der Geschichte begleitet. Das Tempo nimmt zu. Zusätzlich kann sich das Schwungtuch drehen und in Wellen bewegen.*

*Sie können auch weiße Luftballons, die auf dem Schwungtuch tanzen, als Schneeflocken verwenden.*

## Im Tobe- und Ruheland

*Wolfgang Hering*

Im Tobeland, im Tobeland,
sind Kinder wild für kurze Zeit
und manchmal außer Rand und Band.
Dann hüpfen sie und springen weit.

Im Ruheland, im Ruheland,
gehn alle mal auf Tauchstation
und friern zu einem Denkmal ein.
Wir hören keinen lauten Ton.

Im Tobeland, im Tobeland,
da gibt es Action allerhand.
Erst wird der Boden kurz berührt
und gleich danach noch eine Wand.

Im Ruheland, im Ruheland,
da atmet jeder lange aus,
bleibt kurz mal auf der Stelle stehn
und pustet alle Luft heraus.

Im Tobeland, im Tobelland,
ist keiner von den Leuten schlapp.
Sie rennen alle viel herum
und klatschen Freunde ab.

Im Ruheland, im Ruheland,
finden alle Frieden dann.
Sie hörn sich gegenseitig zu,
denn Zeit hat jedermann.

Im Tobeland, im Tobelland,
da sind die Füße richtig fit.
Sie zappeln rechts, sie zappeln links,
die Hände wackeln mit.

Im Ruheland, im Ruheland
ist absolut nichts los.
Die Hände sehn sich beide an
und schlafen still im Schoß.

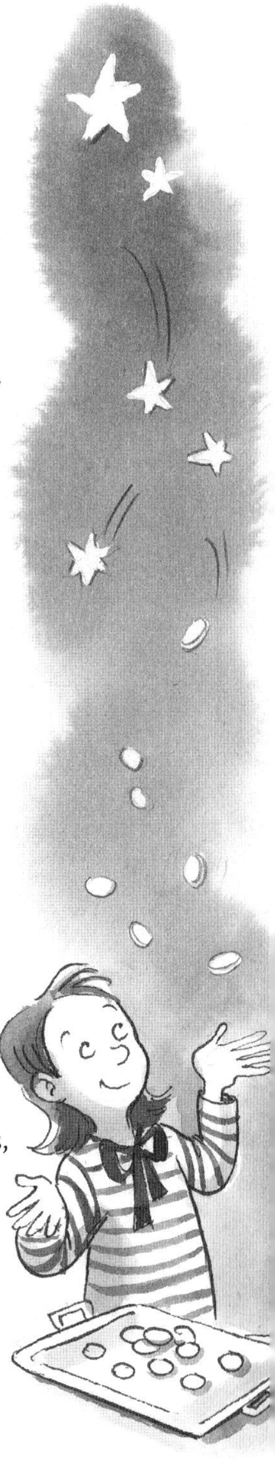

Im Tobeland, im Tobeland,
da gibt es Neonlicht.
Die Leuchtreklame flackert auf,
beherrscht allseits die Sicht.

Im Ruheland, im Ruheland,
da gehen Lichter aus.
Die Fenster, die sind alle schwarz,
es schläft das ganze Haus.

### Spielanregung

*Sie nehmen eine schnelle und eine ruhige Musik, sodass zwei gegensätzliche Stimmungen erzeugt werden. Lesen Sie die passenden Strophen, die Kinder bewegen sich dazu. Sie können auch eine Trommel nehmen und viele Schläge in der schnellen und wenige in der langsamen Strophe ausführen.*

## Die Sterntaler

*überliefert*

Es war einmal ein kleines Mädchen, dem war Vater und Mutter gestorben, und es war so arm, dass es kein Kämmerchen mehr hatte, darin zu wohnen und kein Bettchen mehr, darin zu schlafen; und endlich gar nichts mehr als die Kleider auf dem Leib und ein Stückchen Brot in der Hand. Das hatte ihm ein mitleidiges Herz geschenkt. Es war aber gut und fromm. Und so von aller Welt verlassen, ging es im Vertrauen auf den lieben Gott hinaus ins Feld.
Da begegnete ihm ein armer Mann, der sprach: „Ach, gib mir etwas zu essen, ich bin so hungrig.“ Es reichte ihm das ganze Stückchen Brot und sagte: „Gott segne dir's“, und ging weiter. Da kam ein Kind, das jammerte und sprach: „Es friert mich so an meinem Kopfe, schenk mir etwas, womit ich ihn bedecken kann.“ Da tat es seine Mütze ab und gab sie ihm.
Und als es noch eine Weile gegangen war, kam wieder ein Kind und hatte kein Leibchen an und fror: Da gab es ihm seins; und noch weiter, da bat eines um ein Röcklein, das gab es auch von sich hin.
Endlich gelangte es in einen Wald, und es war schon dunkel geworden: Da kam noch eins und bat um ein Hemdlein, und das fromme Mädchen dachte: „Es ist dunkle Nacht, da sieht dich niemand, du kannst wohl dein Hemd weggeben“ – und zog das Hemd ab und gab es auch noch hin. Und wie es so stand und gar nichts mehr hatte, fielen auf einmal die Sterne vom Himmel, und waren lauter blanke Taler; und obgleich es sein Hemdlein weggegeben, so hatte es ein neues an, und das war vom allerfeinsten Leinen. Da sammelte es sich die Taler hinein und war reich für sein Lebtag.

### Spielanregung

*Dieses bekannte Märchen können Sie als kleines Theaterspiel aufführen: Das Mädchen, der arme Mann, die drei armen Kinder werden mit entsprechenden Requisiten dargestellt. Vorher müssen die Taler aus Goldpapier gebastelt werden.*

# 5. Es wurde auch Zeit – es hat geschneit

## A, a, a – der Winter, der ist da

Nr. 13

*Text: Hoffmann v. Fallersleben/Musik: überliefert*

A, a, a, der Winter, der ist da.
Herbst und Sommer sind vergangen,
Winter, der hat angefangen.
A, a, a, der Winter, der ist da.

E, e, e, er bringt uns Eis und Schnee.
Malt uns gar zum Zeitvertreiben
Blumen an die Fensterscheiben.
E, e, e, er bringt uns Eis und Schnee.

I, i, i, vergiss die Armen nie.
Liegst du nachts im warmen Kissen,
denk an die, die frieren müssen.
I, i, i, vergiss die Armen nie.

O, o, o wie sind die Kinder froh.
Sehen jede Nacht im Traume
sich schon unterm Weihnachstbaume,
O, o, o, wie sind die Kinder froh.

U, u, u, jetzt weiß ich, was ich tu.
Hol den Schlitten aus dem Keller,
und dann geht es schnell und schneller.
U, u, u, jetzt weiß ich, was ich tu.

## Spielanregung

*Sie können mit den Kindern die fünf Vokale jeweils in die Luft schreiben, am besten in jeder Strophe am Anfang der ersten und der vierten Zeile. Sie singen dreimal den Buchstaben, schreiben ihn aber nur einmal.*

## Puck und Pitz

*überliefert/leicht überarbeitet*

Puck und Pitz, zwei Zwergenleute,
*Die Daumen treten auf*
laufen vor ihr Häuschen heute,
*Hände zeigen ein Dach*
rufen: „Seht nur, weit und breit,
*Hände an den Mund und dann eine Hand über die Augen halten*
es hat geschneit, es hat geschneit.
*Mit Fingern in der Luft zappeln*
Die Flocken fallen leicht und sacht.
*Hände von oben nach unten bewegen*
Jetzt geht es zur Schneeballschlacht.
*Hände formen einen Schneeball*
Den Schneeball werfen Puck und Pitz
*Wurfbewegung ausführen*
sich hin und her, schnell wie der Blitz.
Sie wollen mit dem Schlitten fahrn,
*Mit den Händen am imaginären Strick ziehen*
nun geht's auf die Rodelbahn.
*„Schlitten" zwischen die Beine stellen*
Hui, hinab fahrn sie ins Tal,
*Mit den Händen von oben schräg nach unten fahren*
und so geht es viele Mal.
*Fahrt wiederholen*
Auch Schlittschuh laufen Puck und Pitz,
*Daumen wieder hochstrecken und seitlich balancieren*
und falln sie hin, das schadet nix.
*Auf die Knie patschen*
Frau Holle aber oben lacht:
*Zeigefinger ziehen Mundwinkel nach oben*
„Ja, ja, das hab ich fein gemacht."
*Auf sich zeigen und dann Arme verschränken*

# Schneegestöber

Nr. 14

*Text/Musik:* Wolfgang Hering
*Originaltonart: B-Dur*

Ich habe grad da draußen
eine Schneeflocke erkannt.
Da kommt schon eine zweite,
und sie machen sich bekannt.
Die beiden Flocken tanzen
als himmlisch schönes Paar
||: und drehn sich in den Lüften
immer weiter wunderbar. :||

Ein jedes von den Flöckchen,
sucht sich einen neuen Freund.
Nun schweben schon zwei Paare,
sie sind in der Luft vereint.
Bei diesem Schauspiel sind jetzt
grad vier in Fahrt gebracht.
||: Dann kommen neue Partner,
und sie tanzen nun zu acht. :||

Gleich wirbeln sie gemeinsam
wie in einem großen Kreis.
Sie drehn sich in der Runde
und die Luft, die wird ganz weiß.
Und alle, die das sehen,
die denken sich nur „Whow“
||: Das ist ja dort am Himmel
eine riesengroße Schau. :||

Ein jeder von den Tänzern
schnappt sich einen Kamerad:
Sie trudeln durcheinander,
fast so wie ein Schneesalat.
Der Wind bläst immer fester
mit Kraft und viel Juchhu.
||: Und weiter kommen Flocken
dieser weißen Pracht hinzu. :||

Sie bilden schnell zwei Reihen,
und es tanzen immer zwei,
ein Paar saust durch die Gasse
flink an allen nun vorbei.
Zu zweit geht es gemeinsam
ein Stückchen geradeaus,
||: und alle ruhn sich danach
von dem vielen Toben aus. :||

Jetzt ist’s ein Schneegestöber,
wirklich schön das Winterbild,
und alle kleinen Tänzer
ja, die wirbeln rum ganz wild.
Dann plötzlich kommt die Stille,
die Luft wird ziemlich dünn.
||: Es legen sich die Flocken
still zu einer Decke hin. :||

## Spielanregung

*Zu jeder Strophe können Sie Tanzsequenzen in Szene setzen.*

1. *Ein Paar findet sich und tanzt zunächst alleine.*
2. *Die Beiden trennen sich und suchen sich neue Partner. Das Quartett verdoppelt sich am Schluss, sodass vier Paare tanzen.*
3. *Es bildet sich ein Kreis.*
4. *Sofern genügend Kinder vorhanden sind, bilden sich neue Schneeflocken-Paare. Wenn die Gruppe kleiner ist, dann suchen sich die Kinder neue Partner..*
5. *Die Akteure bilden eine Gasse, und die Paare tanzen hindurch.*
6. *Die festen Tanzformationen lösen sich auf, und jede Schneeflocke tanzt auf ihre eigene Weise.*

*Als Schneeflocken dienen z. B. weiße Tücher oder kleine Wattebällchen. Oder die Kinder tragen weiße T-Shirts.*

# Fünf Brüder im Schnee

*überliefert*

Fünf Brüder gehen durch den Wald,
der Weg ist hart, die Luft ist kalt.
Der erste sagt: „Oh, Bruder schau,
die Wolken hängen schwer und grau."
Der zweite blickt hinauf zur Höh:
„Ich bin mir sicher, es gibt Schnee."
Der dritte schaut und sagt sodann:
„Es fängt ja schon zu schneien an."
Der vierte hält die Hände auf,
und es fällt weicher Schnee darauf.
Der fünfte ruft: „Ich saus nach Haus
und hole unsren Schlitten raus.
Nun setzt euch drauf und fahrt ganz munter
schnell den großen Berg hinunter."

## Spielanregung

*Mit der einen Hand werden die Brüder aufgezählt, mit der anderen Bewegungen zu jedem Abschnitt ausgeführt. Am Schluss setzen sich die fünf Finger auf die andere Hand und fahren einen imaginären Berg hinunter.*

## Schneeflöckchen tanze

*überliefert*

Schneeflöckchen tanze,
tanze auf und nieder.
*Die Finger zappeln in der Luft und bewegen sich auf und nieder*
Mach eine Rodelbahn sodann,
*Hände flach aneinander halten*
wo man lustig rodeln kann.
Schneeflöckchen tanze!

Schneeflöckchen tanze,
tanze auf und nieder,
*Finger auf und nieder bewegen*
dann können wir den Schneemann baun
neben unserem Gartenzaun.
*Finger beider Hände verschränken sich zu einem Zaun*
Schneeflöckchen tanze!

### Spielanregung

*Denken Sie sich noch ein paar weitere Schneeflockenstrophen zu diesem traditionellen Vers aus. Sie brauchen für die dritte und vierte Zeile am Ende einen Reim. Fragen Sie ihre Kinder, was Schneeflocken den ganzen Tag so treiben.*

## Schnee, Schnee, Schnee

*überliefert*

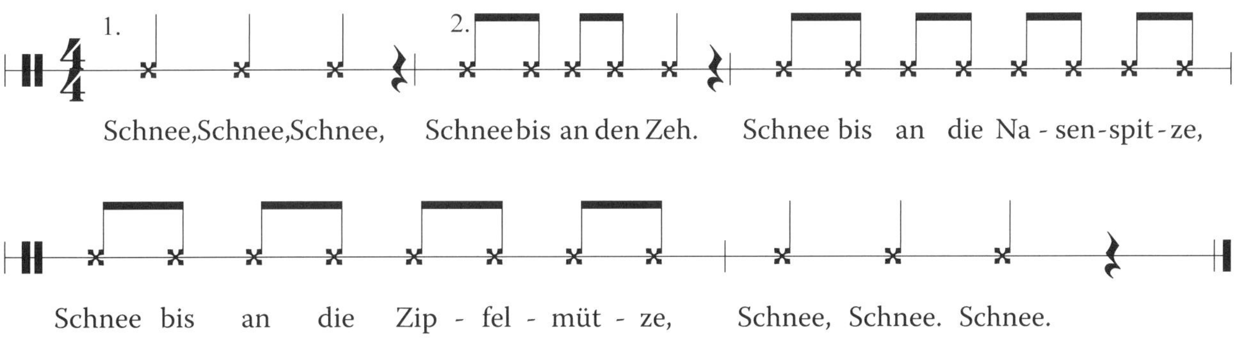


Schnee, Schnee, Schnee,
Schnee bis an den Zeh.
Schnee bis an die Nasenspitze,
Schnee bis an die Zipfelmütze,
Schnee, Schnee, Schnee.

### Spielanregung

*Sie können zu dem Vers zunächst klatschen oder patschen und dann an die jeweilen Körperteile greifen.*

#### Variante:

*Anspruchsvoller ist der Versuch, das Stück versetzt in zwei Gruppen als Sprechkanon zu probieren.*

## Der Schneemann und seine Freunde

Nr. 15

*Text/Musik:* Wolfgang Hering

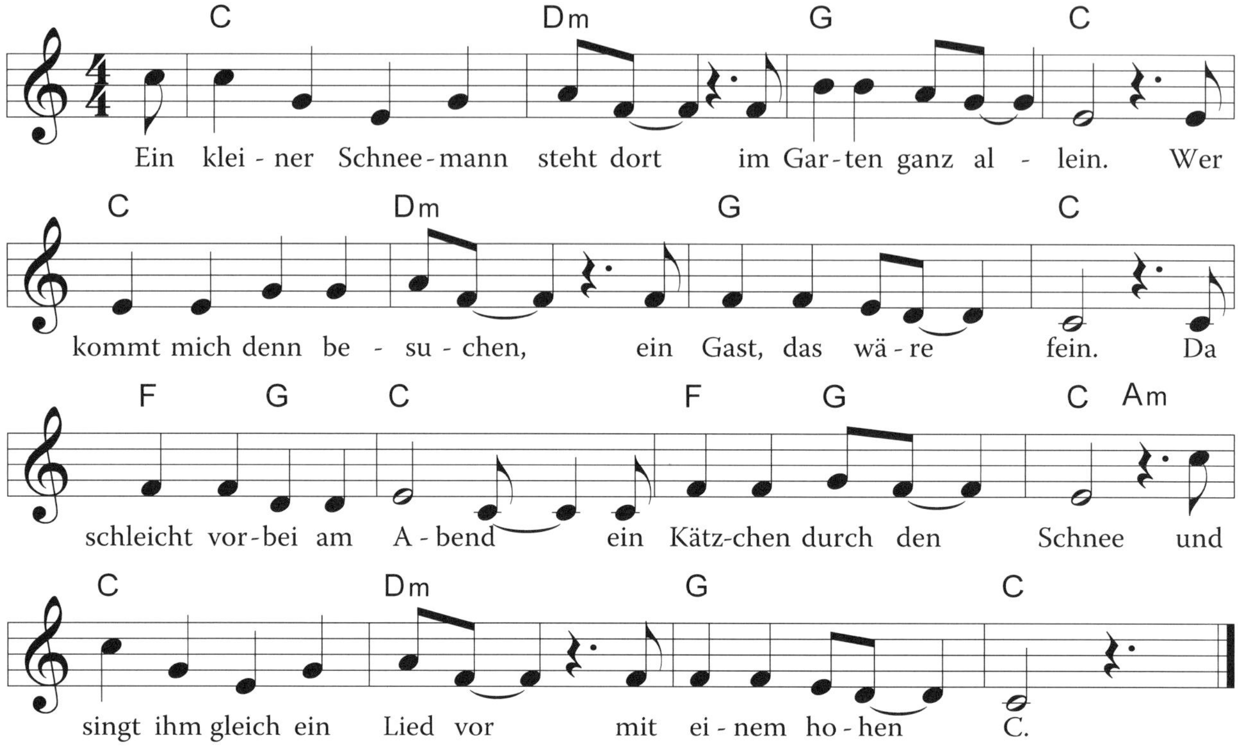


Ein kleiner Schneemann steht dort
im Garten ganz allein.
Wer kommt mich denn besuchen,
ein Gast, das wäre fein.
Da schleicht vorbei am Abend
ein Kätzchen durch den Schnee
und singt ihm gleich ein Lied vor
mit einem hohen C.

Das Kätzchen streift den Schneemann
am Fuss, er lächelt da.
Es macht so drei, vier Sprünge
und hoppst ganz wunderbar.
Ein Eichhörnchen, das hüpft da,
aus einem Loch heraus.
Es sucht nach ein paar Nüssen
und streckt die Pfoten aus.

Es legt dann mit dem Kätzchen
ein kleines Tänzchen hin.
Es schwankt dazu der Schneemann
und wackelt mit dem Kinn.
Am Vogelhaus, die Vögel
probiern den gleichen Schritt.
Und Bastelsterne winken
im Fenster eifrig mit.

Und auch die andren Tiere
und noch das halbe Haus,
die singen nun im Chor mit,
es schallt ins Land hinaus.
Doch als die Sonne aufgeht,
ist es still wie eh und je.
Wir hören keinen Laut mehr,
nur Spuren sind im Schnee.

## Spielanregung

*Ein einfaches Spiellied, für das Sie die Rollen verteilen: Schneemann, Kätzchen, Eichhörnchen, Vögel, Bastelsterne und die restlichen Tiere bewegen sich entsprechend dem Text. Falls Sie mit Requisiten arbeiten wollen, basteln Sie mit den Kindern Sterne, einen Zylinder für den Schneemann und Masken für die Tiere.*

## Die Eisprinzessin

*Clara und Wolfgang Hering*

Diesen Winter sah es sehr schlecht mit Schnee aus. Keine Flocke hatte sich in dem kleinen Dorf nahe am Wald blicken lassen, und dabei gab es doch vor der Haustür einen wundenschönen Hang, der sich hervorragend für einen Rodelberg eignete. Die Kinder im Dorf waren schon ganz traurig. Sie hatten davon gehört, dass das Wetter in der Zukunft immer wärmer werden würde. Bald hätten wir gar keinen Winter mehr.
Lara besaß einen uralten Schlitten, der schon seit einiger Zeit im Keller stand. Dieser Schlitten hatte wunderschöne Glöckchen, die mittlerweile bestimmt schon ganz verstaubt waren.
In dieser Nacht konnte Lara nicht schlafen. Sie stand am Fenster und sah den hellen Mond, der heute besonders intensiv den nahen Tannenwald anstrahlte. Doch was war das? Im Lichtkegel sah sie eine Gestalt. Zuerst dachte sie an eine Hexe auf einem Hexenbesen. Die Figur wurde größer. Sie sah ein Wesen ganz in Weiß und einem wunderschönen Glitzermantel, der leuchtete heller als alle Sterne. Das Flugobjekt kam immer näher und landete direkt auf der Fensterbank von Laras Kinderzimmer.
„Hallo, ich bin die Eisprinzessin. Ich komme aus dem hohen Norden, wo es das ganze Jahr über fast immer gefroren ist. Wir haben zwar nicht so viele Berge, aber kleine Hügel gibt es überall – ein Paradies zum Schlittern und Rodeln. Ich habe Mitleid mit euch. Da ich über magische Winterkräfte verfüge, biete ich euch an: Wer mich dreimal berührt und dreimal umkreist, dem schenke ich drei Stunden lang Schnee."
Für Lara gab es nichts Leichteres als das. Sie führte die Weisungen aus. Die Eisprinzessin setze sich auf den Drehstuhl. Sie zog einen kleinen Triangel heraus und klopfte dreimal mit dem Schlegel auf das Instrument. Lara berührte sie erst dreimal und lief dann drei Runden.
Sofort fing es zu schneien an, und Lara war überglücklich. Sie vergaß, dass es mitten in der Nacht war und zog sich schnell ihren Wintermantel und die Schneestiefel an, die noch ganz unbenutzt im Schrank hingen. Auch Mütze, Schal und Handschuhe durften nicht fehlen.
Lara lief runter in den Keller, um den Schlitten zu holen und rodeln zu gehen. Schon als sie die Kellertreppe hinunterging, kamen ihr die leisen Geräusche der Glöckchen entgegen, die immer lauter wurden. Die Glöckchen klangen noch ein

bisschen eingerostet, aber es war wie früher, als die Kinder im Dorf viele Tage im Winter auf den Rodelberg kamen und ihre Schlitten ausprobierten.

Der Schlitten kam ihr entgegen, er konnte es kaum erwarten. Zunächst war Lara verwundert, das hatte er noch nie getan, doch dann fiel ihr ein, dass in dieser Nacht sowieso alles ein bisschen anders war.

Die Glöckchen klingelten drei Mal zur Begrüßung, und man merkte, dass der Schlitten es kaum erwarten konnte, endlich den kalten Schnee unter sich zu spüren. Er flog fast die Treppe hinauf und aus der Haustür raus, sodass Lara kaum hinterherkam.

Der Schlitten steuerte den Rodelberg an, und Lara setzte sich einfach auf ihn drauf. Er war trotz seines Alters stark genug, ihr Gewicht bergauf zu tragen, und sie kamen dem Gipfel schnell näher. Oben angekommen freute sich der Schlitten so sehr, endlich mal wieder gebraucht zu werden, dass er drei Luftsprünge machte und wie wild mit den Glöckchen bimmelte.

Lara und der Schlitten waren voll in ihrem Element und rasten den Berg hinunter, rannten hoch und rutschten wieder runter. In ihrem Eifer bemerkten sie gar nicht, dass irgendwo eine Triangel drei Mal erklang und kurz darauf das Klingeln vieler Glöckchen zu vernehmen war. Erst als das Klingeln näher kam, bemerkte Lara, dass es nicht von ihrem Schlitten stammte, sondern von vielen Schlitten, die alle den Berg hochgeschossen kamen. Auf ein paar von ihnen saßen Kinder, allesamt hatten sie Schlafanzüge unter ihren Wintermänteln an, genauso wie Lara. Die Eisprinzessin hatte alle Schlitten im Dorf zum Leben erweckt und die Kinder in ihren Träumen besucht, sodass sie wach wurden.

Nun hatten sie sich alle auf dem Rodelberg versammelt, und es wurde ein richtiges Fest, alle Kinder rutschten mit ihren Schlitten den Berg hinunter und hatten eine Menge Spaß. Das hatte es lange nicht mehr gegeben, die Kinder waren glücklich, dass es nach vielen Jahren endlich viel geschneit hatte und es so kalt war.

Die Kinder hatten gar nicht bemerkt, dass die drei Stunden vorbei waren. Es wurde schon fast wieder hell, und der Schnee schmolz langsam. Schnell liefen die Kinder nach Hause und krochen in ihre warmen Betten, damit sie sich nicht erkälteten und keinen Ärger bekamen.

Als Lara am Morgen aufwachte, war sie verwirrt. Hatte sie das etwa alles nur geträumt? Als sie einen Blick aus dem Fenster warf, sah sie, dass ein leichter weißer Schimmer auf dem Land lag. Freudestrahlend ging sie zum Frühstück mit ihren Eltern. Die waren ganz erstaunt, dass es wohl in der Nacht geschneit hatte, dabei hatte doch der Wetterbericht gesagt, es sollte heute warm werden. Bis heute wissen nur die Kinder, wie es möglich war, dass plötzlich Schnee fiel, und sie behalten das Geheimnis für sich.

Manchmal, wenn Lara nachts wach ist und aus dem Fenster schaut, kann sie am Himmel ein Flugobjekt erkennen, das funkelt wie ein Stern und von einem Glöckchenklingeln umgeben ist, und sie ist sich jedes Mal ganz sicher, dass dort die Eisprinzessin ihre Runden über dem Dorf dreht und darauf achtet, dass immer genug Schnee zum Rodeln fällt.

## Spielanregung

*Eine Gruppe Kinder bekommt kleine Glöckchen oder Rasseln in die Hand. Jedes Mal wenn es in der Geschichte zu bimmeln anfängt, müssen alle ihre Instrumente betätigen. Die Eisprinzessin wird mit einer Triangel und die Schlitten werden mit Trommeln begleitet.*
*Die anderen Kinder spielen die Geschichte mit den Rollen: Lara, Eisprinzessin und Schlitten.*

## Spielanregung

*Setzen Sie das Gedicht als Bewegungsspiel um: Die Hände bilden Eiskristalle, der große Teich wird mit ausgebreiteten Armen dargestellt, die Finger wirbeln als Atem aus dem Mund, der Kragen wird aufgestellt, und dann stapfen alle durch den Raum. Die Kinder frieren zu Bäumen ein und dürfen sich zum Schluss am Boden als Fische vorwärts bewegen.*

## Im Schnee

*überliefert*

Am Fenster blüht der Eiskristall,
wer hätte das gedacht?
Sogar der große Teich fror zu,
in der vergangnen Nacht.
Der Atem fliegt aus meinem Mund
wie Rauch aus dem Kamin.
Ich stelle meinen Kragen auf,
stapf vorwärts mit viel Mühn.
Die Bäume sind so dick vermummt,
die ganze Welt ist weiß.
Was werden wohl die Fischlein tun,
die Fischlein unterm Eis?

## Der Schneemann macht Urlaub

*Wolfgang Hering*

Es hat geschneit, und die Kinder haben
Schneemänner gleich überall gebaut.
Es wird nun dunkel, Klein und Groß traben
nach Haus, es ist draußen nicht mehr laut.

Die Nacht kommt herein, den Wind hörn wir pfeifen,
er bläst die Schneemänner hin und her.
Ein Sturm fängt gar an, nach ihnen zu greifen,
sie wackeln nach vorne, nach hinten noch mehr.

Ein Schneemann ruft, es ist eine Sünde,
ich war noch nie im Urlaub am Meer.
Wir kennen nur Schnee und kalte Winde,
dabei mag ich Sonnenhitze so sehr.

Da kommt ein Kühlwagen vorbeigefahren,
der bringt normal die Tiefkühlkost.
Kommt, alle ihr Schneemänner in Scharen,
in meinem Bauch ist immer Frost.

Sie fahrn an die See tausend Kilometer,
da ist es aber richtig heiß.
Sie schaun gebannt auf das Thermometer,
die Kinder am Strand, die essen grad Eis.

Ein Schneemann streckt seine Nasenspitze
nach vorn, sein Kopf fängt zu schmelzen an.
Das ist ja da draußen eine Affenhitze,
ich bin ein Schnee- und kein Wassermann.

Sie flüchten ins Auto, zurück in ihre Kühle,
und fahrn nach Haus in einem fort.
Wir Schneemänner haben genug
von der Schwüle.
Jetzt stehn sie wieder am alten Ort.

## Spielanregung

*Die Schneemänner (alle Kinder) stehen im Raum. Ein paar Stühle werden zum Kühlauto umfunktioniert. Wenn die Schneemänner schwitzen, fahren sich alle mit der Hand über die Stirn. Schließlich stehen sie am Ende wieder auf ihrem alten Platz.*

## Frau Holle

Nr. 16

*Text: Claudia Höly Musik: Rainer Johann Gross*

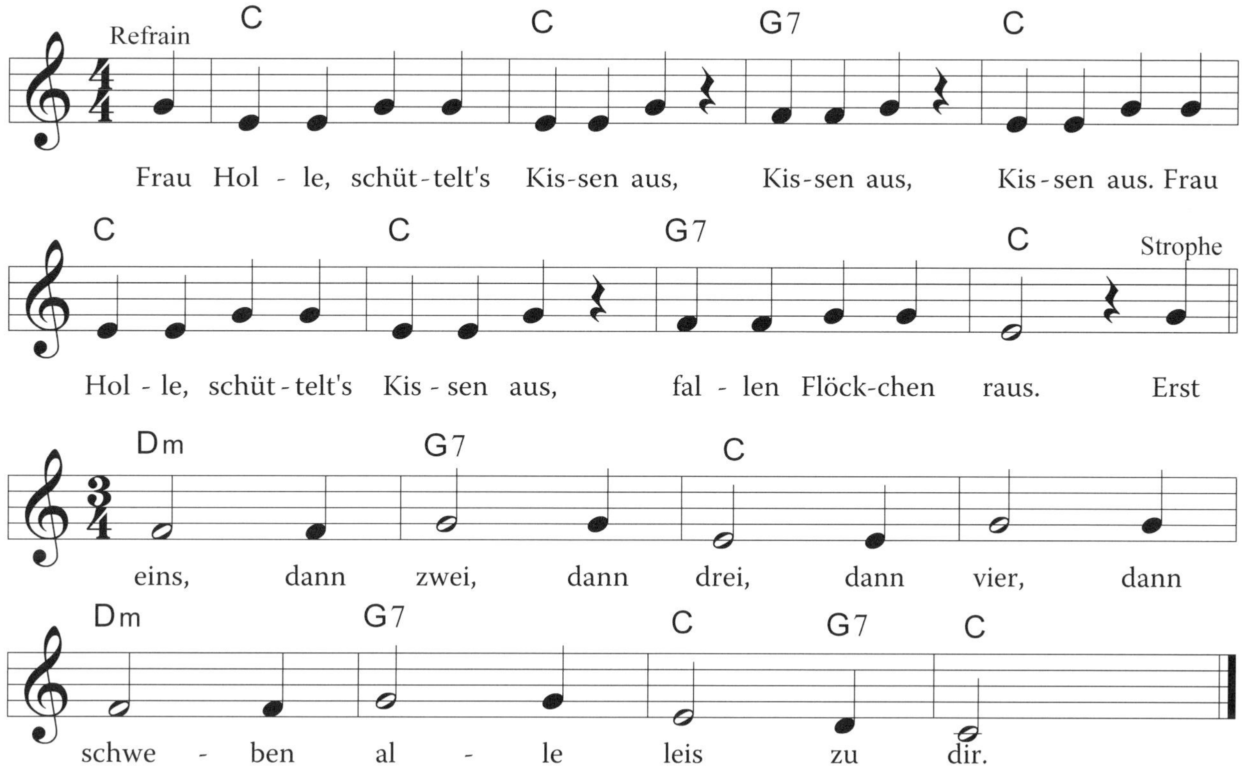


**Refrain:**
Frau Holle schüttelt 's Kissen aus,
Kissen aus, Kissen aus.
Frau Holle schüttelt 's Kissen aus,
fallen Flöckchen raus.

Erst eins, dann zwei, dann drei, dann vier,
dann schweben alle leis zu dir.

Dann fünf, dann sechs, dann sieben, dann acht,
und schon ist alles weiß gemacht.

### Spielanregung

*Ein Kind spielt die Frau Holle mit einem großen weißen Tuch. Sie sucht sich in jeder Strophe vier Kinder als Flocken aus. Einige Kinder bekommen Trommeln, die anderen Glöckchen. Abwechselnd kommen die Kinder zum Einsatz: Die Trommeln werden im Refrain im Takt geschlagen und dann zu den Strophen die Glöckchen erst sacht und dann kräftig geschüttelt. Der Refrain ist im Zweier-, die Strophe im Dreiertaktschlag gehalten.*

## Varianten:

*Das Lied wird mit körpereigenen Instrumenten begleitet. Alle klatschen zum Refrain mit; dann schweben die Hände mit den zappelnden Fingern in der Luft.*

*Das Stück kann auch als Kreistanz interpretiert werden. Hier ein Vorschlag für den Ablauf: Schritttempo und Handbewegungen im Grundschlag der Musik*

**Refrain:**

Frau Holle schüttelt 's ...

*Hintereinander im Kreis gehen (wie Indianer um das Lagerfeuer); dabei kräftig mit beiden Händen gleichzeitig auf die Beine patschen*

... fallen Flocken raus.

*Stehen bleiben und das Flockenfallen in die Luft malen: Die Finger zappeln ein wenig, dabei bewegen sich die Arme von oben nach unten*

*1. Strophe:*

Erst eins, dann zwei ...

*Im Stehen: Mit den Fingern einer Hand die Flocken zählen*

... dann schweben ...

*Beide Hände schweben hin und her*

*2. Strophe:*

Dann fünf, dann sechs ...

*Im Stehen: Mit den Fingern beider Hände die Flocken zählen*

... dann schweben ...

*Beide Hände schweben hin und her*

*Instrumentalteil: Beide Hände schweben hin und her*

*Schluss: Nach dem Schlusston einmal laut klatschen*

# Hier ist ein Berg

*Wolfgang Hering*

Hier ist ein Berg mit sehr viel Schnee,
es hat ganz neu geschneit,
die Schlitten sausen flott ins Tal
mit großer Geschwindigkeit.

Da kommen Snowboardfahrer daher,
die halten das Gleichgewicht.
Die sausen vorbei mit viel Eleganz,
so schnell, das glaubst du nicht.

Dann flitzen auch Große den Hang hinab,
an jedem Fuß einen Ski.
Sie wedeln, fahrn Slalom gekonnt,
gebückt gehen sie in die Knie.

Da hinten ist ein Skispringer gar,
der saust mit Schnelligkeit
und hüpft mit einem Satz ins Tal
und landet besonders weit.

## Spielanregung

*Eine Hand stellt den Berg, die andere den Schlitten dar. Zwei Finger werden zum Snowboard. Beide Arme mit abgewinkelten Händen sausen als Skifahrer ins Tal. Eine Hand wird schließlich zum Skispringer. Sie landet mit einem Platsch auf dem Knie.*

## Schneeflöckchen – Weißröckchen

Nr. 17

*Text: Hedwig Haberkorn/Musik: überliefert*

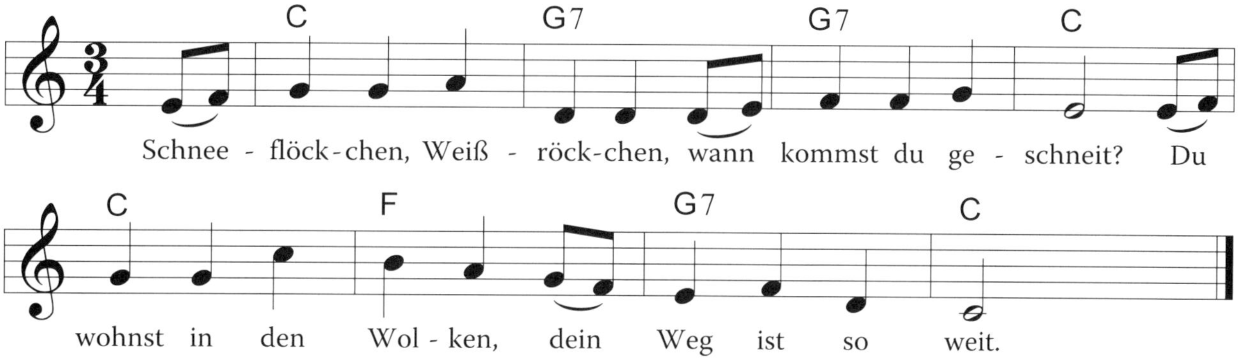


Schneeflöckchen, Weißröckchen,
wann kommst du geschneit?
Du wohnst in den Wolken,
dein Weg ist so weit.

Komm, setz dich ans Fenster,
du lieblicher Stern,
malst Blumen und Blätter,
wir haben dich gern.

Schneeflöckchen, du deckst uns
die Blümelein zu.
Dann schlafen sie sicher
in himmlischer Ruh.

Schneeflöckchen, Weißröckchen,
komm zu uns ins Tal,
dann baun wir den Schneemann
und werfen den Ball.

Schneeflöckchen, Weißröckchen,
du Wintervöglein,
willkommen, willkommen
bei groß und bei klein.

## Spielanregung

*Begleiten Sie das Stück mit entsprechenden Gesten:*

1. *Alle schauen nach den Schneeflocken aus*
2. *Blumen und Blätter werden in die Luft gemalt*
3. *Eine Hand spielt eine Blume, die andere stellt die Schneedecke dar*
4. *Das Tal wird mit beiden Händen wie ein V angezeigt*
5. *Geöffnete Hände stellen die Schnäbel der Wintervögel dar*

## Pille, palle, polle

*mündlich überliefert*

**Pil**le, **pal**le, **pol**le,
*Mitklatschen*
da **o**ben **wohnt** Frau **Hol**le.
*Mit dem Zeigefinger nach oben zeigen*
Sie **schüt**telt **ih**re **Bet**ten **aus**,
*Die Arme heben und zwei Fäuste bilden*
da **kom**men **wei**ße **Flöck**chen **raus**.
*Die Finger öffnen sich und zappeln nach unten*

**Tic**ke, **tac**ke, **toc**ke,
*Mitklatschen*
da **kommt** eine **rie**sige **Floc**ke.
*Die Hände zeigen in der Luft einen Kreis*
Sie **setzt** sich **auf** den **Gar**ten**zaun**
*Mit gekreuzten Fingern einen Zaun andeuten*
und **möch**te **dort** ein **Häus**chen **baun**.
*Die Hände zeigen ein Dach*

## Das Eisschollenspiel

*Wolfgang Hering*

Ich nehm euch jetzt zum Südpol,
zum Pinguinland.
Es wird dort grade milder,
das ist ja allerhand.

Ihr geht sie jetzt besuchen,
lauft im Pinguinschritt,
ganz glatt ist dort der Boden,
ihr watschelt einfach mit.

Ihr geht nun auf die Scholle,
das Eis ist dick und breit.
Eine riesengroße Fläche,
die Sicht, die ist sehr weit.

Das Eis beginnt zu schmelzen,
es gibt den ersten Riss.
Es wird doch alles halten?
Noch trägt das Eis gewiss.

Da sehn wir schon das Wasser,
das Eis bricht hier und da.
Ihr bleibt noch in der Mitte,
ganz groß ist die Gefahr.

Die Insel ist am Schaukeln,
wir alle sind gespannt.
Bleibt ihr auf den Beinen?
Es wird jetzt ganz riskant!

Das Eis wird ständig dünner,
und ihr verliert den Halt.
Ihr purzelt in die Tiefe,
das Wasser ist sehr kalt.

Ihr schwimmt um euer Leben,
ein Schiff kommt mit viel Kraft.
Ihr werdet rausgezogen.
Ja, grad noch mal geschafft.

### Spielanregung

*Als Einführung verteilen Sie Eiswürfel an die Kinder. Es lässt sich leicht feststellen, wie kalt das Eis ist. Sie sagen den Kindern: „Stellt euch vor, das Eis ist sehr fest, und wir können darüber laufen. Alles ist zugefroren. Mal sehn, was passiert, wenn das Eis schmilzt."*
*Nehmen Sie eine Triangel oder einen Metall-Klangbaustein. Dann sprechen Sie den Text, und die Kinder machen die kleine Bewegungsgeschichte einfach mit. In der Turnhalle können Sie für die Eisschollen auch Matten oder Zeitungsblätter nehmen. Die Kinder imitieren den watschelnden Gang der Pinguine, Schritt für Schritt die Fußspitzen nach außen gestreckt. Wenn das Eis schmilzt, schaukeln alle mit. Dann fallen die Kinder um und schwimmen ganz wild am Boden. Schließlich kommt die Gruppenleitung und zieht die Kinder nach und nach aus dem Wasser.*

## Der Schneeball

*Wolfgang Hering*

Ich formte einen Schneeball,
ganz groß und richtig schwer.
Ich nahm ihn mit nach Hause,
Herz, was willst du mehr.
Ich zog ihm eine Hose an
und nahm ihn auch ins Bett
Am Morgen war dann alles feucht,
die Mama fand's nicht nett.

### Spielanregung

*Begleiten Sie das Gedicht mit entsprechenden Bewegungen: in die Luft einen großen Kreis zeichnen, den Schneeball unter dem Arm halten, eine Hose pantomimisch anziehen und vielleicht am Ende die Hände vor dem Gesicht zusammenschlagen. Lassen Sie die Kinder eine Bildergeschichte dazu malen.*

## Spuren im Schnee

*Wolfgang Hering*

Geschneit hat es am Morgen,
die Landschaft ist verziert.
Die weiße Puderwatte
ist heut noch unberührt.
Wir sind nun kleine Künstler
und legen eine Spur.
Wir freun uns an der Landschaft
und über die Natur.

Wir machen auf dem Boden
den ersten, großen Schritt
und malen jeder Bilder,
wer macht von euch da mit?
Dein Schuh, das ist der Pinsel,
du stehst auf einem Bein
und malst ein eignes Schaubild
dort in den Schnee hinein.

Wir zeichnen kleine Kreise,
der Platz ist ja überall,
dann eine große Kugel,
einen riesengroßen Ball.
Wir gehen noch mit Ecken
so ein Quadrat entlang
mit viermal einer Seite,
auf einem graden Gang.

Wir fangen an zu wirbeln,
der Platz ist unbegrenzt.
Das ist ein Durcheinander,
das in der Sonne glänzt.
Dort sind jetzt viele Spuren
verteilt von uns im Schnee.
Wir hüpfen in die Luft hoch
und rufen laut „Juchhe".

## Spielanregung

*Die Kinder stellen sich vor, dass es frisch geschneit hat. Zum Gedicht verwandeln sie sich in kleine Maler, die ihre Spuren im Schnee hinterlassen. Vorsichtig wird der erste Schritt gemacht, dann skizzieren die Kinder ihre erste Zeichnung in den Schnee, eine gute Balanceübung. Im dritten Abschnitt zeichnen sie erst kleine Kreise, und dann gehen sie auf einer großen, runden Bahn. Anschließend sollen sie ein Quadrat ablaufen, und schließlich dürfen alle sich frei bewegen. Sie können dem Gedicht eine ruhige Musik unterlegen.*

# 6. Wintertiere

## Das Winterfest

Nr. 18

*Text/Musik: Wolfgang Hering*

Originaltonart: Es-Dur

Draußen ist es bitterkalt,
die Tiere friern im Winterwald.
Die Vögel sind fast ganz verstummt.
Wir stapfen vorwärts, dick vermummt,
im Winter, im Winter.
Der Boden ist sehr hart gefrorn.
Dort zuckt ein Hase mit den Ohrn.
Ein Fuchs springt da mit weitem Satz
und sucht nach einem warmen Platz,
im Winter, im Winter

**Refrain:**
Tiere, wir laden euch alle ein,
kommt zu einem Stelldichein,
im Winter, im Winter.

Eulen hörn wir ab und zu,
sie rufen in die Nacht „Uhu".
Ein Dachs läuft durch den ersten Schnee,
dort huscht vorbei ein scheues Reh,
im Winter, im Winter.
Die Frösche haben ihr Programm,
vergraben sich ganz tief im Schlamm.
Die Waldmäuse, die suchen dort
nach einem warmen Zufluchtsort,
im Winter, im Winter.

Amseln, Meisen und der Spatz,
auch die wolln einen Futterplatz.
Uns bleibt vor Schreck das Herz fast stehn,
als wir ein Wildschweinrudel sehn,
im Winter, im Winter.
Der Nordwind ist nun in Aktion,
und rot ist jede Nase schon.
Wir rufen in den Wald hinein:
„Wir laden euch zur Party ein!",
im Winter, im Winter.

Treffpunkt ist im Wiesengrund,
dort gibt's Musik, dort geht es rund.
Wir stellen unsre Boxen auf.
Die Party nimmt schnell ihren Lauf,
im Winter, im Winter.
Zu knabbern gibt es ziemlich viel,
und bald herrscht großes Tanzgewühl.
Die Tiere all von fern und nah,
die feiern mit viel Hoppsassa,
im Winter, im Winter.

## Spielanregung

*Mit diesem Stück lässt sich eine Winterparty feiern. Ein Teil der Gruppe bewegt sich durch den Raum; die anderen Kinder übernehmen die Rollen der Tiere oder halten selbst gemalte Bilder hoch. Zur letzen Strophe greifen sich alle in kleinen Gruppen an den Händen und tanzen in mehreren Kreisen. Wir brauchen folgende Tiere: Vögel, Hase, Fuchs, Eulen, Dachs, Reh, Frösche, Waldmäuse, Amseln, Meisen, Spatz, Wildschweine. Zeigen Sie den Kindern Bilder der Tiere und überlegen Sie gemeinsam, wie diese sich fortbewegen.*

## Der Winter geht vorbei

*trad./W. Hering*

Krah, krah, kalter Schnee,
*Alle bibbern vor Kälte*
dem Raben tun die Beinchen weh,
*Über die Beine streichen*
der Hase, der macht einen Satz
*Zwei Fingern hüpfen auf dem Arm herum*
und sucht sich einen warmen Platz.
In dunkler Zeit, in kalter Zeit,
*Die Hände vors Gesicht halten*
erwarten sie den März,
die Sonne bringt uns Fröhlichkeit,
*Mit ausgestreckten Fingern die Sonne symbolisieren*
vergessen ist der Schmerz!

## Fünf Rentiere

*Wolfgang Hering*

Fünf Rentiere schlafen und rühren sich nicht.
Weihnachten ist noch nicht in Sicht.
Das erste Tier wacht plötzlich auf
und rennt gleich los im Dauerlauf.
Ein Auge öffnet das zweite sogleich
und hüpft zum Schwimmen in den Teich.
Das dritte wackelt mit dem Geweih,
macht hundert Kniebeugen einwandfrei.
Das vierte Rentier ist ein Zwerg,
läuft aber flink hinauf den Berg.
Das fünfte plagt sich ganz gemein
und zieht den Schlitten ganz allein.
Der Weihnachtsmann hat sie im Blick,
die Rentiere sind ein großes Glück.
Zusammen sind die Fünf ein Hit
und ganz sicher im Dezember fit.

### Spielanregung

*Ein Fingerspiel für eine Hand. Sie können mit Daumen oder kleinem Finger beginnen. Nach und nach heben sich alle fünf Finger. Stellen Sie das Stück erst mit einer und dann mit der anderen Hand dar.*

# Der unterbrochene Winterschlaf

*Clara und Wolfgang Hering*

Seit Wochen schon waren die Tiere im Winterschlaf. Der große Bär, ein paar Igel, die Murmeltiere und die Siebenschläfer. Sie alle hatten sich einen dicken Bauch angefressen und schlummerten nun tief und fest in ihren Verstecken.
Doch dieses Jahr war der Winter besonders mild. Ungewöhnlich warm war es am 24. Dezember, und die Tiere wachten aus ihrem Tiefschlaf auf. Was machte denn da so einen Krach? Es waren die Kirchenglocken, die heute besonders laut läuteten. Denn gleich sollte der Weihnachtsgottesdienst beginnen. Dieses Jahr hatten die Kinder die Weihnachtsgeschichte vorbereitet, die um 17 Uhr aufgeführt werden sollte. Die Rollen waren gut besetzt: Maria und Joseph, die Esel im Stall und die Heiligen Drei Könige.
Die Tiere standen langsam auf und waren noch ganz träge, weil sie so lange geschlafen hatten. Sie schauten sich um und bemerkten, dass auch andere Tiere wach geworden waren und sich versammelten. Sie hatten die Idee, zu der Kirche zu gehen und sich zu beschweren, dass so laut geläutet wurde.
Sie setzten sich in Bewegung in Richtung Kirche. Sie war bis auf den letzten Platz besetzt. Der Bär nahm die Igel auf die Schulter, und die Murmeltiere und Siebenschläfer schlichen hinterher. Zusammen umrundeten sie die Kirche einmal, bis sie am Hintereingang landeten. Die Tür, die zum Altarraum führte, war hell erleuchtet, und die Tiere öffneten sie aus Neugierde. Zuerst wurden sie vom Licht geblendet, und sie traten einen Schritt nach vorne, um besser erkennen zu können, wo sie sich befanden. Als sie alle im Altarraum angelangt waren, wurden sie mit einem kräftigen Beifall begrüßt. Sie waren auf der Bühne für das Krippenspiel angekommen. Die Menschen waren begeistert, weil sie dachten, dass die Tiere mitspielen würden. Ein Krippenspiel mit echten Tieren, so etwas hatte es hier noch nie gegeben. Die Tiere hatten ganz vergessen, dass sie eigentlich gekommen waren, um sich zu beschweren und ließen sich

von den Menschen feiern. Sie stellten sich um Maria und Joseph, das Jesuskind und die Heiligen Drei Könige und spielten bei der Weihnachtsgeschichte mit. Es wurde ein großer Erfolg, und alle hatten eine Menge Spaß. Als das Stück zu Ende war, gab es tosenden Applaus, und die Zuschauer wollten unbedingt noch eine Zugabe. Dann war endgültig Schluss. Bär, Igel, Siebenschläfer und Murmeltiere standen nebeneinander vor der Kirchentür, und alle Besucher bedankten sich bei den Tieren noch einmal persönlich für die schöne Aufführung.
Zur Belohnung durften sich die Tiere an dem großen Büffet im Gemeindehaus neben der Kirche den Bauch vollschlagen, und danach waren sie rundum zufrieden mit sich. Sie hatten ihr erstes Weihnachtsfest, und es war wunderschön.
Am Ende dieses ereignisreichen Tages waren die Tiere müde und vollkommen satt. Sie gingen zurück zu ihrem Schlafplatz und schlummerten bald wieder tief und fest in ihren Verstecken. Sie freuten sich schon auf den Frühling und auf das nächste Weihnachtsfest, das sie mit Sicherheit nie wieder verschlafen würden.

### Spielanregung

*Für die Tierrollen basteln Sie mit den Kindern passende Masken aus Karton. Die Mitwirkenden der Weihnachtsgeschichte tragen die üblichen Kleider für ein Krippenspiel.*

## Wer wird vor den Schlitten gespannt

*Wolfgang Hering*

Der Weihnachtsmann schnauft,
der Weihnachtsmann schnauft.
Rentiere lauft! Rentiere lauft!
Er klingelt gleich von Meisterhand.
Wer wird von euch vor den Schlitten gespannt?
Eins, zwei, drei und vier:
Wer steht am nächsten hier?

### Spielanregung

*Das ist ein Nachlaufspiel mit viel Tempo; der Weihnachtsmann stapft durch die Gegend. Im Winterwald liegen ein paar Glöckchen verteilt auf dem Boden oder auf Hindernissen, die im Raum stehen. Die Spielleitung spricht das Gedicht. Alle laufen dabei vor dem Weihnachtsmann weg. Wenn er am Schluss mit einem Glöckchen klingelt, müssen alle stehen bleiben. Wer dann am nächsten zu ihm steht, kommt in den Stall (einen festgelegte Bereich im Raum). Dann beginnt ein neues Spiel. Am Ende wird aus dem letzten freien Rentier ein neuer Weihnachtsmann.*

## Pinguine zu Besuch

*Text/Musik: Wolfgang Hering*

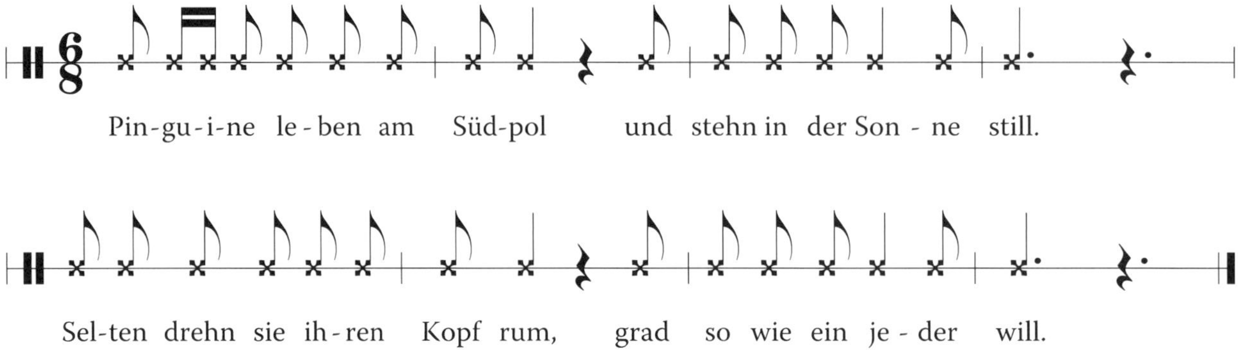


Pinguine leben am Südpol
und stehn in der Sonne still.
Selten drehn sie ihren Kopf rum,
grad so wie ein jeder will.

Pinguine laufen langsam
oder flitzen ganz geschwind.
Sie watscheln, ganz gemütlich
und haben auch mal Gegenwind.

Sie laufen alle hintereinander
und machen gerne Schabernack.
Sie wackeln mit steifen Flügeln
in ihrem kleinen Frack.

Pinguine leben am Südpol,
die Kälte macht ihnen nichts aus.
Sie schwimmen gern im eisigen Wasser
und auch aufs Meer hinaus.

Sie können sogar etwas hüpfen
und sich auf der Stelle drehn.
Pinguine lieben die Kälte,
und Schlafen können sie im Stehn.

### Spielanregung

*Unterstützen Sie den Pinguinschritt mit Trommelschlägen, die in der zweiten Strophe beginnen. Dann passen Sie das Tempo entsprechend der Textvorgabe an. Das Besondere an dem Stück: Wir sprechen den Text in einem Dreierrhythmus.*

# Am Eismeer geht es heiß her

Nr. 19

*Text/Musik: Wolfgang Hering*

**Refrain:**
Am Eismeer geht es heiß her,
didel didel dideldum dei.
Wir treffen uns zum Tanzen,
wer ist denn heut dabei?

Die Pinguine watscheln
gemeinsam auf dem Eis.
Die Fersen aneinander,
so drehn sie sich im Kreis.

Die Seehunde, sie robben,
ihr Bauch, der hängt sehr schwer,
Die Schnauze zeigt nach oben
und dreht sich hin und her.

Polarfüchse, die hüpfen
sehr schnell, mal kreuz, mal quer,
von Eisscholle zu Eisscholle,
so springen sie umher.

Die Eisbären, sie tanzen
zwei Schritt, mal hier, mal da.
Der Unterboden wackelt,
das Eis knirscht sonderbar.

Sogar das Walross tanzt hier,
schiebt seinen Körper vor
und hebt noch seine Schultern
im Taktschlag hoch empor.

Auch Möwen sehn wir kreisen,
sie machen kurz Station.
Umrunden kurz die andern
und fliegen dann davon.

Zwischenspiel

Die Tiere werden müde,
gefreut hat's alle sehr.
Ein jeder geht nach Hause,
und keiner friert jetzt mehr.

**Schluss:**
Am Eismeer ging es heiß her,
didel didel dideldum dei.
Wir trafen uns zum Tanzen,
und alle warn dabei.

## Spielanregung

*Hier kommt es auf besondere Gang- und Bewegungsarten an. Zum Refrain tanzen alle im Kreis (oder winken im Stehen in die Luft); dann kommen die entsprechenden Spielaktionen hinzu. Entweder die Kinder gehen spontan in die Mitte oder es werden die Rollen vorher festgelegt. Dabei klären Sie, wie sich jede Tierart hier fortbewegt: Pinguine, Seehunde, Polarfüchse, Eisbären, Walross und Möwen. Am Ende trennen sich die Tiere und verlassen den Tanzplatz in ihrer spezifischen Fortbewegungsart.*

# Seehunde

*Wolfgang Hering*

Seehunde leben im Norden am Meer
und ziehen ihren Körper hinter sich her.
Sie gehen gerne zum Wandern raus,
das sieht dann wirklich komisch aus.

Sie lieben alle das Wasser sehr
und flutschen mit Tempo durch das Meer.
Sie schwimmen manchmal richtig weit
und tauchen erst auf nach langer Zeit.

Sie können sogar im Zirkus marschiern,
einen Ball auf der Nase balanciern.
Sie springen auch mal auf einen Tisch,
zur Belohnung gibt's dann leckeren Fisch.

Seehunde haben eine glatte Haut,
und heulen können sie richtig laut.
Sie robben gern hinter dem Vordermann,
und alle schließen sich hinten an.

## Spielanregung

*Die Kinder bewegen sich im Robbengang vorwärts: Die Füße liegen auf dem Boden, und die Hände ziehen den Körper vorwärts. Vielleicht können Sie mit einem Instrument eine schleifende Bewegung simulieren, z. B. auf einer Handtrommel im Kreis reiben. Im Wasser erhöht sich das Tempo. Die Kinder „schwimmen" so schnell es geht auf dem Boden entlang. Dann probieren sie, einen Ball auf der Nase zu balancieren. Am Ende gibt es eine lange Seehund-Polonaise.*

## Frische Luft

*Wolfgang Hering*

Komm, wir gehen an die frische Luft,
der Wind bringt einen schönen Duft.
Wir laufen in den Winterwald,
da ist es heut so richtig kalt.

Wir haben unsern Hund dabei.
Er fühlt sich hier so richtig frei.
Und wenn man ihn so laufen lässt,
dann knistern Blätter und Geäst.

Da fliegen ein paar Vögel ran,
Sie friern, das sieht man ihnen an.
Sie suchen Futter tagein, tagaus,
zum Glück gibt's hier ein Vogelhaus

Dort läuft ein Reh, wohl etwas lahm,
das ist heute besonders zahm.
Ein Hase hoppelt da ganz keck
und läuft vor meinem Hund gleich weg.

Wir sehn, es glitzert grad da vorn.
Da ist die Pfütze wohl gefrorn.
Wir laufen an, gesagt, getan
und rutschen auf der Schlitterbahn.

Wir haben eine Kamera
und machen Fotos wunderbar.
Ein Winterbild mit klarer Sicht,
die Bäume glitzern dort im Licht,

Der Hund, der hebt noch mal sein Bein
und pinkelt einfach querfeldein.
Ich bind ihn an die Leine dran,
er zieht mich schnell nach Haus sodann.

So gehn wir heim, total geschafft
und tanken wieder etwas Kraft.
Das war ja kalt, fast wie am Pol,
und trotzdem fühlen wir uns wohl.

### Spielanregung

*Lesen Sie den Kindern das Gedicht vor. Wer übernimmt die Rolle von Hund, Vögeln, Reh und Hasen? Wer macht das Foto?*

### Variante:

*Machen Sie einen Winterspaziergang und achten Sie darauf, welche Tiere zum Vorschein kommen. Auch ein Besuch im Winterzoo könnte auf dem Programm stehen.*

## Schafe, Hirte und Wolf

*Wolfgang Hering*

Bei diesem Reaktionsspiel erzählen Sie eine kleine Geschichte, in der die Kinder auf drei Begriffe reagieren müssen: Schafe, Hirte und Wolf. Folgende Verabredungen werden getroffen.
*Schafe*: Auf allen Vieren gehen und „Mäh" rufen.
*Hirte:* Auf die Schafen aufpassen. Hand über die Augen halten.
*Wolf:* Zähne fletschen, Pfoten zeigen und wie ein Wolf heulen.

Auf der Weide ist heute ein ruhiger Tag. Die Schafe grasen friedlich und fressen sich an den Gräsern satt. Der Hirte ist müde und schaut auf seine Schafe. Er macht ein Nickerchen. Da zeigt sich in der Ferne auf dem Hügel ein dunkles Tier. Das kann doch nur ein Wolf sein.

*Finden Sie eine eigene Fassung, wie die Geschichte weitergeht.*

## Frohe Weihnachten

Nr. 20

*Robert Metcalf*

An jedem ganz normalen Tag,
da kräht der Hahn: „Na, biste wach?"
Doch heute macht er's schön
und flüstert zu dem Huhn:
„Ich wünsch dir frohe Weihnachten!" (2×)

Die Kuh steht auf der Wiese rum,
normalerweise ist sie stumm.
Doch heute sagt sie „Muh"
und spricht zur Nachbarskuh:
„Ich wünsch dir frohe Weihnachten!" (2 ×)

Die Maus hat sich im Loch versteckt.
Die Katze hat sie längst entdeckt.
Doch jetzt sagt Katz zur Maus:
„Du kannst heut ruhig raus –
Ich wünsch dir frohe Weihnachten!" (2 ×)

**Refrain:**
Frohe Weihnachten, frohe Weihnachten!

Das Schwein liegt dick und fett im Stall
mit Dreck und Modder überall.
Doch grunzt es zu der Sau:
„Du bist ne tolle Frau –
Ich wünsch dir frohe Weihnachten!"

**Schluss:**
Für jeden, Mensch und Tier,
ein'n schönen Gruß von mir:
Ich wünsch euch frohe Weihnachten!
Wir wünschen frohe Weihnachten!

## Spielanregung

*Manche Tiere verhalten sich wie manche Menschen: Das ganze Jahr sind sie grimmig zueinander, nur zu Weihnachten werden sie freundlich. Dieses Lied eignet sich für ein Spiel mit richtiger Verkleidung und weihnachtlicher Inszenierung. Die Kinder verwandeln sich in die Tiere und übernehmen paarweise die Rollen: Hahn und Huhn, Kuh und Nachbarskuh, Katze und Maus, Eber und Sau eventuell zwei Murmeltiere, Wurm und Vogel. Die Strophen können sich auch von der Klangfarbe an den Tieren orientieren: Der Hahn erst krächzend, dann sanft; die Kuh erst grimmig, dann nett, die Katze erst drohend, dann freundlich; das Schwein erst mürrisch und dann bewundernd.*

**Weitere Strophen:**
Das Murmeltier im Winterschlaf
wacht Heiligabend extra auf
und murmelt zu dem Freund:
„Hab grad von dir geträumt,
hab grad von dir geträumt.
Ich wünsch dir frohe Weihnachten!"

Der Wurm hat sich heut aufgemotzt,
gewaschen und blitzblank geputzt.
Der Vogel flitzt vorbei
und trillert „Würmchen, hey,
ich wünsch dir frohe Weihnachten!" (2 ×)

*Das Murmeltier klingt wohl erst verschlafen und dann verträumt, der Wurm schaut kokett, und der Vogel zwitschert versöhnlich. Im Refrain singen alle „feierlich" mit.*

# 7. Weihnachtliche Bescherung

## Fünf Männlein

*überliefert*

Fünf Männlein sind zum Markt gelaufen,
um einen Weihnachtsbaum zu kaufen.

Der erste sucht das Bäumchen aus,
der zweite trägt es stolz nach Haus.

Der dritte stellt es zu Hause auf,
der vierte hängt Lametta drauf.

Der fünfte steckt die Kerzen dran,
die zünden alle zusammen an.

## Spielanregung

*Dieses traditionelle Fingerspiel wird mit einer Hand gespielt. Nacheinander werden alle Finger hochgestreckt und stellen jeweils ein Männlein dar.*

## Weihnachtsturnen

Nr. 21

*Text/Musik:* Wolfgang Hering

Wir laden alle Kinder
zum Weihnachtsturnen ein.
Die Halle wird ganz sicher
heut laut und quirlig sein.
Hier stehn die Kleinen
im großen Rampenlicht.
Sie hüpfen wie die Flöhe,
denn frieren wolln sie nicht.

**Refrain:**
Weihnachtsturnen,
die Kinder sind heut dran.
||: Jeder, von den Kleinen
zeigt, was er alles kann. :||

Wir machen Skigymnastik,
fahrn Langlauf mal ein Stück,
auf einem Bein nach vorne
und gleich wieder zurück.
Wir wackeln als Schneemann,
mal schief und auch mal krumm
und fliegen gleich als Vögel
im Wintersturm herum.

Wir werden wie die Engel,
die ihr ganz selten seht
und flattern mit den Flügeln,
so schnell, wie es nur geht.
Wir rolln den Schneeball,
da müssen alle ran.
Die Kugel, die wird größer,
das strengt ja richtig an.

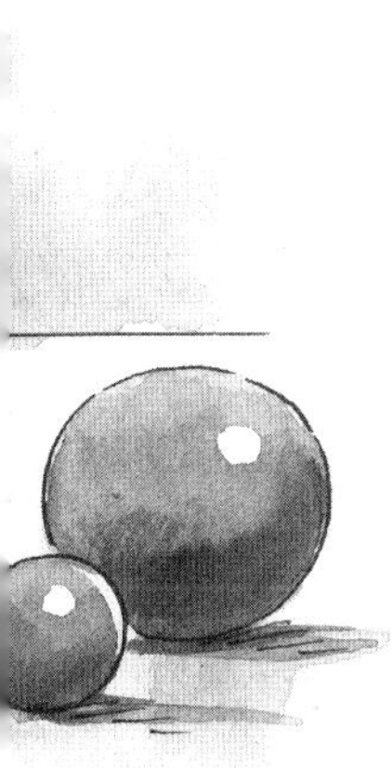

Die Turnkinder, die helfen
beim Plätzchenbacken mit.
Sie tragen große Teller
und sind ja ganz schön fit.
Die Rentiere sausen
nun alle kreuz und quer.
Die Turnkinder sind schneller.
Das Tempo steigt noch mehr.

Die Hände nun zum Himmel,
ihr kommt ganz oben dran.
Wir zünden eine Kerze
am Tannenbaum dort an.
Wir fassen die Hände
im großen, weiten Raum
und tanzen eine Runde
um den Weihnachtsbaum.

2 × Refrain

## Spielanregung

*Jeweils am Ende der Strophe ist Raum, die Bewegungen auszuführen. In der ersten Strophe kommen die Kinder auf die Bühne oder in den Bewegungsraum. Sie hüpfen als Flöhe herum. Für den Refrain überlegen sie sich eine Choreografie, die sich in den wiederkehrenden Abschnitten wiederholt, z.B. beide Hände in die Luft strecken und dann Kniebeugen machen. In der folgenden Strophe schieben alle die Füße abwechselnd vor und zurück und probieren, auf dem Boden zu schlittern. Dann verwandeln sich die Kinder in Engel, die mit ihren Flügeln herumfliegen. Für die Schneebälle werden große Bälle gebraucht. Anschließend tragen alle Teller mit Plätzchen und laufen als Rentiere umher. Am Ende strecken die Kinder die Hände in die Luft und bilden einen großen Kreis, der um den Weihnachtsbaum herumtanzt.*

## Fünf Zwerge aus dem Wichtelwald

*überliefert*

Fünf Zwerge aus dem Wichtelwald
kommen angetrippelt, machen bei dir Halt.

Fünf Zwerge dürfen gar nicht ruhn,
haben jetzt vor Weihnachten gar so viel zu tun.

Der erste sägt die Tiere aus,
*Entsprechende Bewegungen mit der Hand ausführen*
für Michaels neues Bauernhaus.

Der zweite ist der Puppenschneider,
*Mit einem Finger als Nadel auf der anderen Hand nähen*
der näht die neuen Puppenkleider.

Der dritte malt und schmirgelt fein,
*Eine Faust wird zum Kasperkopf*
die Kasperpuppen sollen fertig sein.

Der vierte backt die Weihnachtskuchen
*Finger ablecken*
und darf nur zerbrochene mal versuchen.

Und der fünfte, der muss auch ganz fleißig sein.
Der packt alle Geschenke ordentlich ein.
*Entsprechende Bewegungen mit den Händen ausführen*

Wo sind jetzt die fünf Zwerge geblieben?
*Finger verschwinden hinter dem Rücken*
Ich hoffe, ihr habt alle eure Wunschzettel geschrieben!

### Spielanregung

*Zunächst zeigen sich alle Finger einer Hand und wandern auf dem anderen Arm entlang. Dann werden die Finger nacheinander hochgestreckt. Zu jedem Auftritt gibt es die entsprechenden Aktionen*

## Brief an die Turnkinder vom Weihnachtsmann

*Wolfgang Hering*

Kinder, Ihr wisst, es ist nicht mehr lange bis Weihnachten. Doch ich habe dieses Jahr sehr viel zu tun und weiß gar nicht, wie ich das alleine alles schaffen soll. Deswegen schreibe ich Euch diesen Brief. Ich habe das ganze Jahr über immer mal wieder gesehen, wie gut Ihr im Laufen, beim Klettern, beim Hüpfen und im Purzelbaumrollen seid und noch viel mehr könnt. Also, Ihr seid die richtigen Helfer für mich. Ich hoffe, dass Ihr mir beispringen könnt. Aber so nett wie Ihr seid, ganz bestimmt helft Ihr mir, oder? Es muss noch ganz viel vorbereitet werden, und dazu brauche ich kleine Helfer.
Zuerst einmal brauchen wir für Weihnachten ganz viele Weihnachtssterne. Oder könnt Ihr euch Weihnachten ohne Sterne vorstellen? Aber was glaubt Ihr, was hier im Himmel los ist. Die Sterne sind überall verstreut, und wenn Ihr sie nicht einfangt und weckt, dann verschlafen die Weihnachten noch.
*Hier kommt ein Sternenlied, z.B. „Wir wollen Sterne putzen“* (S. 48) *Das habt Ihr ganz toll gemacht, mal sehen, was der Weihnachtsmann in seinem Brief weiter schreibt.*
Damit ich später alle Geschenke ausliefern kann, muss ich immer ein bisschen Schneegymnastik machen, um mich mit dem Schnee und der Glätte vertraut zu machen. Aber meine große Bitte an Euch wäre, dass Ihr bitte den Schnee schon mal ein wenig zur Seite räumt, so dass ich gut über die Straßen und Wege laufen kann, damit auch alle Geschenke zu den Kindern kommen. Könnt Ihr mir helfen? Ich sage euch ein Gedicht dazu:
Es hat geschneit, es hat geschneit.
Wir brauchen Platz weit und breit.
Drum räumen wir den Schnee jetzt weg,
was ist der massig, ach du Schreck.
Wir brauchen alle sehr viel Kraft,
dann haben wir es schnell geschafft.
Ihr helft gerne mit dabei,
dann ist der Weg auch wieder frei.

*Toll gemacht. Ihr habt den ganzen Schnee zur Seite geräumt, doch jetzt hört mal, was der Weihnachtsmann noch schreibt.*
Wenn Ihr wüsstet, was ich alles vorbereiten muss und durch wie viele Schornsteine ich steigen muss, dann würdet Ihr staunen. Wie gut, dass ich früher auch zum Kinderturnen gegangen bin, denn sonst könnte ich das gar nicht alles schaffen. Aber wisst ihr was? Ihr könnt das einfach mal ausprobieren! Als Dankeschön bekommt Ihr für das Turnen kleine Geschenke. Ich bin mal gespannt, ob Ihr euch als kleine Helfer eignet.

*Es wird an den vorbereiteten Geräten geturnt*
Seht, dort ist eine Himmelsrutsche *(eine Bank ist an einer Sprossenleiter angehängt)*: Ihr müsst die Himmelsleiter emporsteigen und auf der Rutsche wieder zur Erde zurückkommen.

Eine Eiszapfenhöhle *(verschiedene Kästen bilden eine Höhlenlandschaft)*: Ihr müsst euch durch die Höhle durchkämpfen und viele Hindernisse überwinden.
Plätzchen auf dem Backofen *(auf Matten sind Gummireifen verteilt)*: Ihr müsse alle Gummireifen umdrehen.
Engelswolke *(ein großes Schwungtuch)*: Ihr müsst unter der Wolke hindurch laufen.
*Ich glaube, Ihr seid alle tolle kleine Helfer des Weihnachtsmannes. Aber hört noch mal zu, denn der Brief geht noch weiter.*

Oft machen mir ja auch meine Rentiere ein wenig Probleme, denn die wollen sich manchmal nicht vor den Schlitten spannen lassen und laufen immer wieder weg. Könnt Ihr mir helfen, die Tiere einzufangen? Ich zähle auf Euch! Ich schlage den Gong, und dann fangt ihr mir ein Rentier ein. *(Ein paar Kinder haben sich vorher als Rentier zur Verfügung gestellt)*
Wisst Ihr, worauf ich mich aber selbst am meisten freue? Auf die vielen leckeren Plätzchen und Stollen, die es nur zur Weihnachtszeit gibt. Doch bevor die Plätzchen gegessen werden können, muss zuerst der Teig geknetet, mit Förmchen ausgestochen und gebacken werden. Wenn Ihr Weihnachtsbäckerei spielt, dann könnt Ihr mal fühlen, wie gut das dem Rücken tut.
*Nun wird die Massage nach folgendem Gedicht gespielt. Jedes Kind sucht sich einen Partner und einer führt die Behandlung auf dem Rücken des anderen aus.*

Wir backen Weihnachtsplätzchen,
der Rücken ist das Blech.
Ihr bleibt ganz ruhig stehen
und seid mal gar nicht frech.
Wir kneten jetzt die Massen,
mal hier und auch mal dort.
Wir formen einen Klumpen
und drücken immerfort.
Wir rollen einen Teig aus,
mal vor und auch zurück.
An einem Rand der Popo,
am andern das Genick.
Dann stechen wir die Sterne
gerade aus dem Teig aus
und auch mal Tannenbäume,
die kommen da heraus.
Wir drücken letzte Teile
mit Fleiß und etwas Drill
Dann liegen unsre Hände
am Rücken wieder still.

*Kinder, die Plätzchen schmecken aber lecker. Doch hört, der Weihnachtsmann hat noch ein paar Sätze geschrieben.*

Liebe Turnkinder, ich bedanke mich herzlich für Eure Hilfe. Ihr seid die besten Weihnachtsmannhelfer, die es gibt. Vielleicht werden wir uns an Weihnachten sogar sehen. Ich wünsche Euch allen ein schönes Weihnachtsfest. Und wenn Ihr abends einmal aus dem Fenster schaut und ganz viel Sternenstaub seht, dann wisst Ihr, dass ich gerade an Euch denke!

Euer Weihnachtsmann

## Spielanregung

*Eine Spielgeschichte für den Turnraum. Die einzelnen Stationen werden vorbereitet. Die Rollen der Rentiere können auch ein paar Eltern übernehmen. Sie lesen nach und nach den Brief vor und lassen den Kindern Zeit, um die Aufgaben zu lösen.*

## Fünf Weihnachtsengel

*Wolfgang Hering*

Fünf Weihnachtsengel, weiß und schön,
die schauen auf mich drauf.
Und weil so viel passieren kann,
passen sie auf mich auf.
Der erste bahnt mir einen Weg,
verfolgt mich aus der Höh.
Im Trubel passt er sehr gut auf,
dass ich nicht verloren geh.
Der zweite hilft beim Zeichnen gern,
ich mal die Engelschar.
Das Bild schenk ich der Oma dann,
mit Gruß fürs Neue Jahr.
Der dritte Engel leuchtet mir
am Abend vor dem Haus.
Er führt mich auch mal, unerkannt,
schnell aus dem Dunkeln raus.
Die Nummer vier ist Spezialist
für Eis und Schlittschuhlauf,
denn fall ich auf die Nase hin,
hilft er mir wieder auf.
Der fünfte Weihnachtsengel wacht
am Baum, im Kerzenschein
und schaut, dass die Geschenke dann,
von Herzen mich erfreun.

## Spielanregung

*Mit Jüngeren machen Sie ein Fingerspiel. Ältere treten selbst als Engel und beschütztes Kind auf:*

- *Der Engel (weißes Gewand/Flügel aus Goldpapier) führt die Hand des Jüngeren beim Malen,*
- *leuchtet mit einer Taschenlampe,*
- *hilft dem Kind auf die Beine,*
- *verteilt die Geschenke.*

## Lieber, guter Weihnachtsmann

*Wolfgang Hering*

Lieber guter Weihnachtsmann.
Wir halten's nicht mehr aus.
Wann kommst du mit dem Schlitten
endlich in unser Haus?

Die Zeit vergeht so langsam,
will nicht vorübergehn,
obwohl wir
Mandeln hacken,
Nüsse knacken,
Plätzchen backen,
Päckchen packen.
Kannst du nicht ein kleines bisschen
an den Himmelsuhren drehn?

Lieber, guter Weihnachtsmann.
Wir halten's nicht mehr aus.
Wann kommst du mit dem Schlitten
endlich in unser Haus?

Die Zeit vergeht so langsam,
will nicht vorübergehn,
obwohl wir
zum Himmel schauen,
Schneemänner bauen,
Lebkuchen kauen,
Geschenke verstauen.
Mandeln hacken,
Nüsse knacken,
Plätzchen backen,
Päckchen packen.
Kannst du nicht ein kleines bisschen
an den Himmelsuhren drehn?

Lieber, guter Weihnachtsmann.
Wir halten's nicht mehr aus.
Wann kommst du denn mit dem Schlitten
endlich in unser Haus?

Die Zeit vergeht so langsam,
will nicht vorübergehn,
obwohl wir
Sterne ausschneiden,
Puppen bekleiden,
Basteln und Kleben
und sogar weben,
zum Himmel schauen,
Schneemänner bauen,
Lebkuchen kauen,
Geschenke verstauen.
Mandeln hacken,
Nüsse knacken,
Plätzchen backen,
Päckchen packen.
Kannst du nicht ein kleines bisschen
an den Himmelsuhren drehn?

Lieber, guter Weihnachtsmann.
Wir halten's nicht mehr aus.
Wann kommst du mit dem Schlitten
endlich in unser Haus?

Die Zeit vergeht so langsam,
will nicht vorübergehn,
obwohl wir
Zimmer aufräumen,
vom Weihnachtstag träumen.
Plätzchen essen
unterdessen …
Sterne ausschneiden,
Puppen bekleiden,
basteln und kleben
und sogar weben,
zum Himmel schauen,
Schneemänner bauen,
Lebkuchen kauen,
Geschenke verstauen,
Mandeln hacken,
Nüsse knacken,
Plätzchen backen,
Päckchen packen.

Wenn ich das noch zehnmal sag,
ist er da, der Weihnachtstag.

## Spielanregung

*Sie sprechen den Text und stellen dabei die jeweiligen Tätigkeiten dar. Denken Sie sich mit den Kindern weitere Tätigkeiten aus.*

## Zwei Glöckchen

*Wolfgang Hering*

Zwei kleine Glöckchen wandern
durch die dunkle Nacht.
Sie sind beide ganz leise
und geben sehr gut Acht.
Da stößt das eine Glöckchen
an einen großen Stein,
und auch das andre läutet
und kann nicht ruhig sein.
Ein Glöckchen klettert höher
auf einen großen Turm.
Dort oben pfeift der Wind wild,
es rappelt wie im Sturm.
Das andre Glöckchen bimmelt
am zugefrorenen Teich.
Sie treffen sich dann wieder
und spiel'n zusammen gleich.
Die Glöckchen klingen schneller,
ihr Klang erfüllt den Raum.
Sie werden wieder langsam,
man hört sie leise kaum.
Das Christkind nimmt die beiden
und gibt den Takt nun an,
und lässt sie himmlisch klingen
am Heiligabend dann.

### Spielanregung

*Die Kinder haben – wenn möglich – zwei Glöckchen in der Hand und spielen bei diesem Klanggedicht mit. Zunächst bimmeln alle leise mit beiden Glöckchen, dann hören wir erst ein und dann das andere Glöckchen. Dann steigen beide nach oben, danach wird das Spieltempo erhöht und wieder verlangsamt, bis schließlich alle frei mitwirken können. Wenn nur zwei Glöckchen vorhanden sind, dann unterstützen Sie damit ihren eigenen Vortrag.*

# Weihnachtsmann, komm tanz mit mir

Nr. 22

*Text: Birte Reuver/*
*Musik: trad.*

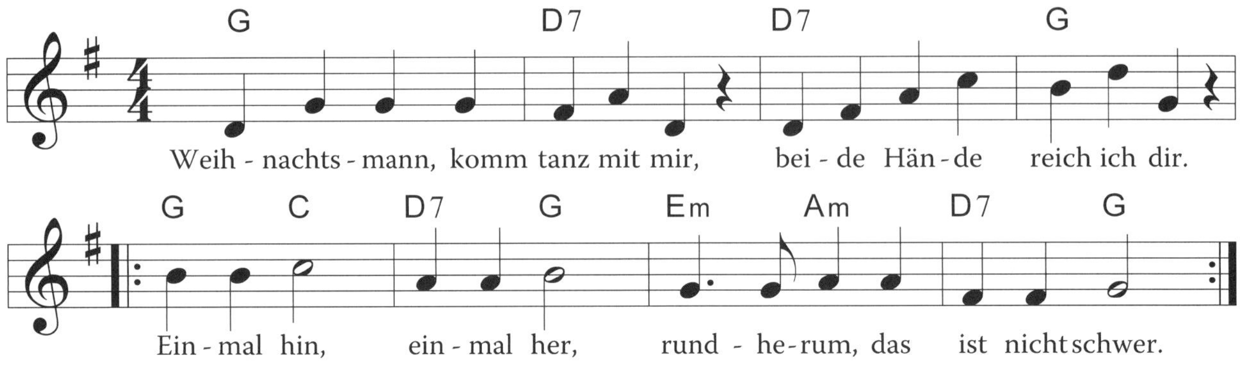


Weihnachtsmann, komm, tanz mit mir,
beide Hände reich ich dir.
||: Einmal hin, einmal her,
rundherum, das ist nicht schwer. :||

Weihnachtsmann, komm, mach dich klein.
Ich möchte auch mal größer sein.
||: Und dann tanz ich – allez hopp,
einfach über deinen Kopf. :||

Weihnachtsmann, in meinem Traum
spielst du einen Tannenbaum.
||: Dann lauf ich um dich herum,
tick dich an, und du fällst um. :||

Weihnachtsmann, spring in die Luft
und wenn jemand „hoppla" ruft,
||: bleibst du wie versteinert stehn.
Wie das aussieht, möcht ich sehn. :||

Weihnachtsmann, wird dir nicht heiß,
unter deinem Bart so weiß?
||: Gib mal deine Mütze her,
dann bist du ich, und ich bin der … :||

Strophe 1

## Spielanregung

*Ein Stück, das nach der alten Melodie „Brüderchen, komm tanz mit mir“ gesungen wird. Ein Kind bekommt eine rote Mütze auf und spielt den Weihnachtsmann in der Mitte eines Kreises. Ein anderes Kind kommt als Partner hinzu. Sie tanzen als Paar im Kreis. Dann geht der Weihnachtsmann in die Hocke, macht sich wieder lang, tanzt hin und her und dreht sich einmal um die eigene Achse. In der zweiten Strophe geht das Weihnachtskind wieder nach unten und wird von der Spielleitung oder einem anderen Kind umtanzt. Danach verwandelt es sich in einen Tannenbaum, der zunächst umrundet wird und nach einer Berührung umfällt. Dann folgt ein Sprung in die Luft, und nach einem „Hoppla“, friert der Weihnachtsmann kurz ein. Ein anderes Kind bekommt die Mütze, und das Tanzspiel beginnt von Neuem.*

# Fünf klitzekleine Weihnachtsmänner

*überliefert*

Fünf klitzekleine Weihnachtsmänner
gehen in den Wald.
Sie wollen eine Tanne holen,
denn Weihnachten ist bald.
Der Erste sagt: „Puh, ist das schwer!“
Der Zweite sagt: „Ich kann nicht mehr!“
Der Dritte heult: „Es piekt, oh weh!“
Der Vierte stolpert in den Schnee.
Der Fünfte, der Kleinste, hat sich stark gemacht
und hat den Tannenbaum nach Hause gebracht.

## Spielanregung

*Ein einfaches Fingerspiel, das mit dem Daumen beginnt.*

# Die Weihnachtselfen

*Clara Hering*

Weit weg, in einem fernen Land, im hohen Norden, da wohnt der Weihnachtsmann. Das ganze Jahr über hat er wenig zu tun, er schaut nur ab und zu nach den Kindern, ob sie auch schön artig sind und keinen Unfug anstellen. Doch wenn die Weihnachtszeit beginnt, müssen viele Dinge erledigt werden: Die Geschenke müssen alle besorgt und verpackt werden, Plätzchen werden gebacken, und die Rentiere bekommen neues Geschirr und werden rundum auf Vordermann gebracht. Damit der Weihnachtsmann das nicht alles alleine machen muss, hat er einige kleine Helfer, die ihn unterstützen. Das sind die Weihnachtselfen. Eigentlich sind sie lieb und gehorsam, doch manchmal packt sie die Lust, etwas zu unternehmen. An einem langweiligen Winternachmittag kann es manchmal passieren, dass sie keine Geschenke mehr verpacken wollen und alle Plätzchen gebacken sind. Heute ist so ein Tag, der Weihnachtsmann ist unterwegs mit den Rentieren, und die Weihnachtselfen wissen einfach nicht, was sie mit ihrer Zeit anfangen sollen. Der Oberelf wird um Rat gebeten, und nach langem Überlegen ruft er in die Runde: „Na, wer von euch hat Lust, nach draußen zu gehen?“

Draußen ist es bitterkalt, und die Weihnachtselfen ziehen sich ganz warm an. Zuerst die warmen Elfensocken aus Rentierwolle. Dann die Elfenstiefel, damit sie keine kalten Füße bekommen. Anschließend noch die dicke Jacke, den flauschigen Elfenschal und die kuschelige Elfenmütze. Zu guter Letzt noch die dicken Elfenhandschuhe.

Leider hat es in diesem Jahr noch nicht so viel geschneit, dass man irgendetwas Spannendes mit dem Schnee machen könnte. Doch auch dafür hat der Oberelf einen Rat. Früher, als er noch ein Elfenkind war, hat er einen Spruch gehört, den seine Großmutter immer aufgesagt hat, damit es schneit. Weihnachtselfen fühlen sich nämlich ohne Schnee nicht wohl. Der Spruch ging so:

Schnee, Schnee, Schnee,
oh weh, wo ist der Schnee?
Komm nieder auf die Erde,
damit ich glücklich werde.

Kaum haben sie die vier Zeilen aufgesagt, fängt es an zu schneien, zuerst nur ein bisschen, dann immer mehr. Die Weihnachtselfen tanzen gemeinsam mit den Schneeflocken und rennen hin und her. Die Schneeflocken werden immer wilder, bis daraus fast ein Schneesturm entsteht. Die Elfen kämpfen gegen den Orkan an und überlegen schon, wieder ins warme Haus zu gehen, als der Sturm sich langsam legt. Jetzt ist alles ganz ruhig, die Schneeflocken schweben auf den Boden und setzen sich dort fest, bis es ganz aufhört zu schneien. Die Weihnachtselfen lassen sich erschöpft in den weichen Schnee fallen und bleiben dort eine Weile liegen. Nach und nach beginnen sie ihre Arme und Beine zu bewegen, bis sich kleine Schneeberge bilden. Da springt eine der Elfen auf und ruft: „Kommt, lasst uns eine Schneeballschlacht machen.“ Alle sind begeistert, und sofort beginnen die Elfen, sich mit Schneebällen zu bewerfen.
Puh, das war vielleicht anstrengend. Jetzt ist den Weihnachtselfen sehr kalt, sie haben die Zeit vergessen, und es ist Abend geworden. Sie gehen in das warme Weihnachtshaus und stellen sich um den Kamin. Die Wärme des Feuers tut gut, und die Weihnachtselfen halten sich warm, indem sie die Hände über dem Feuer reiben.
Am Ende eines anstrengenden Tages sind die Weihnachtselfen sehr müde. Und sie gehen so schnell wie möglich in ihre kleinen Elfenbetten und kuscheln sich in ihre Rentierdecken. Nach kurzer Zeit schlafen sie tief und fest und träumen vom nächsten ereignisreichen Tag.

## Spielanregung

*Die Kinder verwandeln sich in Weihnachtselfen und machen alles, was diese auch tun. Wenn es anfängt zu schneien, bekommen die Kinder weiße Tücher und tanzen damit. Am Ende werden die Tücher in die Mitte auf einen Haufen geworfen und fungieren als „Feuer“. Anschließend legen sich die Kinder um den Haufen herum zur Ruhe*

# Hey, ich bin der Weihnachtsmann

Nr. 23

*Text/Musik: Wolfgang Hering*

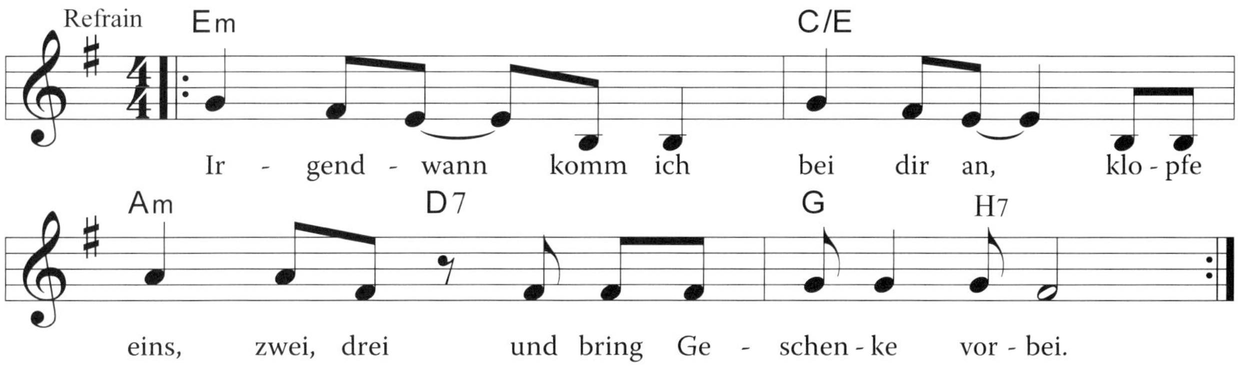


Gesprochen:
Hey, ich bin der Weihnachtsmann,
ich hab viel um die Ohrn.
Ich fahr grad auf dem Schlitten
und bin schon fast erfrorn.
Im Sommer kann ich schlafen,
mal in der Sonne ruhn.
Jetzt sind wir im Dezember,
es gibt super viel zu tun.
Tausende Termine,
mit dem und dem Kontakt,
hab Millionen von Geschenken
ausgesucht und dann verpackt.
Zum Glück, da hab ich Wichtel,
die helfen mir sodann.
Zusammen sind wir richtig stark
und packen kräftig an.

Für die Wunschzettel
hab ich Brillen geputzt.
Den Bart hab ich gebürstet
und noch etwas gestutzt,
die Rentiere gefüttert,
den Schlitten repariert,
die Zügel ausgewechselt
und Pakete geschnürt.
Den roten Mantel hab ich
in die Reinigung gebracht.
Er leuchtet wieder richtig
beim Fest dann in der Nacht.
Ich mach mir für die Kinder
den Rücken richtig krumm
und freu mich auf die Augen
vom kleinen Publikum.

**Refrain:**
Irgendwann
komm ich bei dir an,
klopfe eins, zwei, drei
und bring Geschenke vorbei.

Ich fahr nur hinter Wolken
und lass mich wenig sehn.
Ich kann mich auch verfahren,
das geht im Handumdrehn.
Bei einem großen Schneefall
wird's mir im Magen flau,
denn zwischen all den Wolken
gibt's auch am Himmel Stau.
Ich nehm dann einen Umweg,
fahr die Milchstraße gern
und trinke einen heißen Tee
auf dem Weihnachtsstern.
Und geht's mal nicht weiter
mit dem Schlittenexpress,
brumm ich in meinen Bart:
„Was ist das für ein Stress!"

Ich mach einen Ausflug,
schau beim Christkind vorbei.
Es sehen vier Augen
viel mehr als nur zwei.
Wir beide haben riesig
an Weihnachten zu tun.
Zeit kommt nach Silvester,
um sich auszuruhn.
Doch jetzt ist Heiligabend
und allerhöchste Zeit.
Wir verteilen Geschenke
an die Kinder landesweit.
Die Tannenbäume leuchten,
die Arbeit ist geschafft.
Ein Weihnachtsmann ist auch mal
am Ende seiner Kraft.

*Refrain (4 ×)*

## Spielanregung

*Auch ein Rap soll hier nicht fehlen. Die Kinder können versuchen, den Text rhythmisch mitzusprechen. Im Refrain klopfen alle drei Mal auf den Tisch oder einen Stuhl. Sie können auch gut zur Musik einen kleinen Tanzschritt probieren, rechts und links nach vorne und dann wieder in der gleichen Reihenfolge zurück.*

## In der Krippe

*überliefert*

Seht hier in dieser Krippe,
da liegt das Jesuskind.
*Beide Hände – die Handflächen nach innen – zusammenlegen und dann schräg nach oben zur Krippe öffnen*
Die Hirten knien daneben,
die schnell gekommen sind.
*Hände bei der Handwurzel auf einer Unterlage aufstützen und die Finger krümmen*

Und Josef und Maria,
die stehen auch dabei.
*Zwei Finger senkrecht aufstellen*
Maria wiegt das Kindlein
ganz leise ein: schumdidei.
Schumdidei, schumdidei, schumdidei.
*Unterarme vor der Brust zusammenlegen und wiegende Bewegungen ausführen*

Und durch die Luken fliegen
die Engelein herein.
*Mit den Armen fliegen*
und tanzen leis und singen
dem lieben Jesulein.
*Hände hochheben und leicht nach rechts und links bewegen*

Am Himmel hoch ganz oben
*Rechte Hand mit einem Zeigefingern nach oben zeigen*
in weiter, weiter Fern',
da strahlt mit hellem Scheine
ein wunderschöner Stern.
*Mit gespreizten Fingern einen Stern andeuten*

## Im Weihnachtsstall

*überliefert*

Im Weihnachtsstall zu Bethlehem,
da war es schrecklich unbequem.
*Die Hände stellen den Stall dar*

Der Wind blies rau und eisigkalt
durch jeden Tür- und Bretterspalt.
*Fest durch die Hände blasen*

Maria, Josef und das Kind,
die zitterten im Winterwind.
*Hände über Kreuz halten und den Körper reiben; zusätzlich am ganzen Leib zittern*

Fünf Schafe kamen von dem Feld
und haben sich dazugestellt.
*Fünf Finger einer Hand hochhalten und dann auf dem Arm krabbeln lassen*

Schnell rückten alle dicht an dicht,
sie fühlten so die Kälte nicht.
*Beide Hände zu Fäusten ballen und ganz eng aneinander halten*

## Die Weihnachtswichtel

Nr. 24

*Text/Musik:* Wolfgang Hering

Die Weihnachtswichtel sausen rum,
zu tun gibt's reichlich viel.
Sie laufen alle kreuz und quer,
ein jeder hat sein Ziel.
Die Wunschzettel sind ellenlang.
Die Augen werden verdreht.
Die Weihnachtswichtel rätseln rum,
was da geschrieben steht.

Die Weihnachtswichtel allesamt,
die sind besonders klein.
In eine Hundehütte wohl,
da passen alle rein.
Die kleinen Freunde sind nicht faul,
sind rührig bis zum Zeh,
sie strecken sich am großen Schrank
ganz heftig in die Höh.

**Refrain:**
Weihnachtswichtel
sind zum Helfen da.
Widewidewitt, sie zaubern
wirklich wunderbar.

Die Weihnachtswichtel sind sehr flink,
sind fleißig, gar nicht laut.
Sie flitzen rum und liegen nicht
auf ihrer faulen Haut.
Und wenn's drauf ankommt, können sie
schnell wie ein Rennpferd sein.
Und läuft mal grad ein Rentier fort,
da fangen sie's gleich ein.

Sie wickeln die Pakete ein
und basteln, sapperlot.
Mit der Schere schneiden sie,
das geht so richtig flott.
Kinder, glaubt's mir, es ist wahr,
ihr trefft die Wichtel kaum.
Doch ihre Gaben liegen dann
verpackt am Weihnachtsbaum.

2× *Refrain*

## Spielanregung

*Zunächst sausen alle Kinder als Wichtel durch die Gegend. Sie können mit beiden Händen ihre Zipfelmützen andeuten. Die Handlungen in den Strophen – wie das Lesen der Wunschzettel – werden dargestellt. Zum Refrain nehmen sie sich an die Hände und drehen sich im Kreis. In der zweiten Strophe machen sich alle zu Beginn ganz klein um sich dann ganz lang zu strecken. Im nächsten Abschnitt wickeln sie pantomimisch die Pakete ein und sausen noch einen Deut schneller durch den Raum. Dann schneiden sie mit ihren Scheren und zeigen am Ende mit beiden Armen einen Weihnachtsbaum.*

## Morgen Kinder wird's was geben

Nr. 25

*Text: Philipp v. Bartsch/Musik: Carl Gottlieb Hering/Text: 2.–4. Strophe: Wolfgang Hering*

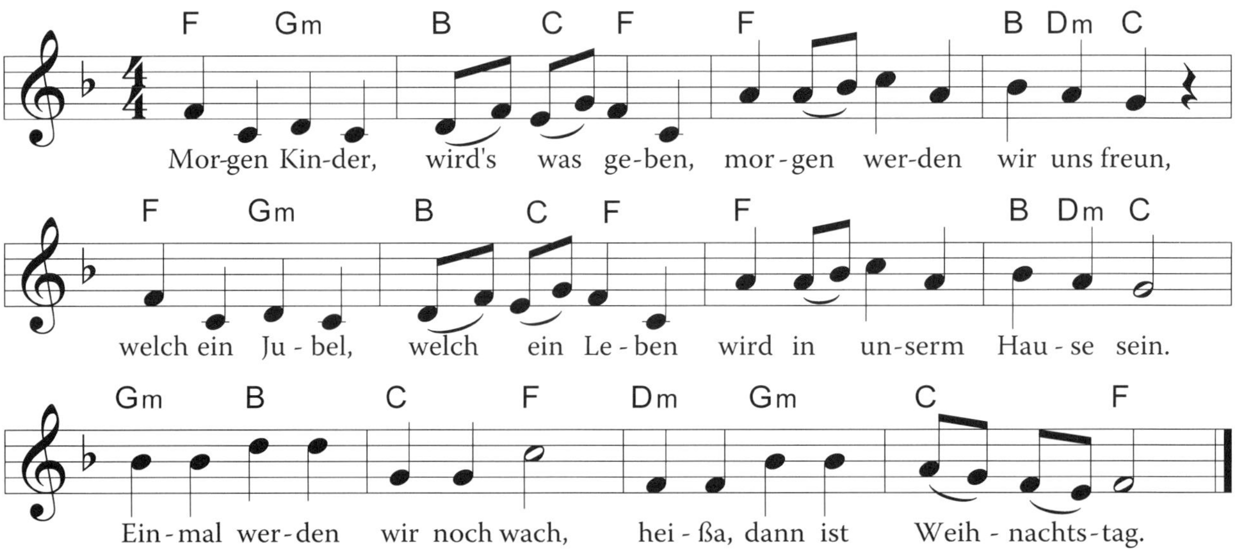


Morgen Kinder, wird's was geben,
morgen werden wir uns freun,
welch ein Jubel, welch ein Leben
wird in unserm Hause sein.
||: Einmal werden wir noch wach,
heißa, dann ist Weihnachtstag. :||

Wie wird dann das Zimmer flimmern
in dem hellen Kerzenschein.
All die bunten Kugeln schimmern
und die Sterne obendrein.
||: Morgen wird er wahr, der Traum
vom wunderschönen Weihnachtsbaum. :||

Ja, da liegen die Geschenke,
bunt verpackt wie jedes Jahr.
Ist dabei, an was ich denke,
was mein Wunsch gewesen war?
||: Eine Nacht, ein Tag und dann
fängt der Heil'ge Abend an. :||

Kuscheltiere, Puppenwagen,
Würfelspiel und Marzipan.
Mützen, zum im Winter tragen
Ritterburg und Eisenbahn.
||: Und was uns besonders freut,
Papa und Mama haben Zeit. :||

## Spielanregung

*Der Originaltext stammt von Philipp von Bartsch (1770–1833) und die Melodie von Carl Gottlieb Hering (1766–1853). Die Weise geht wohl auf ein Berliner Volkslied zurück. In meiner Version ist die erste Strophe des alten Stückes übernommen worden. Die Strophen zwei bis vier habe ich durch neue ersetzt. Es bietet sich an, die letzten vier Takte jeder Strophe zu wiederholen.*

*Dieser Text kann Anlass sein, mit den Kindern zu reden: über das Warten, Weihnachten und die Geschenke. Die Kinder können ihren Wunschzettel schreiben, und dann überlegen alle gemeinsam: Gibt es auch etwas, das nichts kostet und trotzdem eine Freude bereitet?*

*Sie können die Strophen mit folgenden Bewegungen darstellen:*

1. *Die Hände jubelnd hochwerfen*
2. *Große Weihnachtskugeln zeigen und mit den Händen Sterne blinken lassen*
3. *und 4. Geschenke in die Luft malen*

## Jahresabschlussvers

*Wolfgang Hering*

**Eins**, zwei und **drei**,
das **Jahr** ist jetzt vor**bei**.
Es **spielt** groß das Or**ches**ter
ganz **kräf**tig an Sil**ves**ter.
Dann **kommt** ja, ganz ver**traut**
das **Feu**erwerk, sehr **laut**.
Und **al**le wünschen, **klar,**
ein **gu**tes Neues **Jahr**.

## Spielanregung

*Die Kinder halten sich an den Händen gefasst und bewegen rhythmisch die Arme auf und nieder. Dann sprechen Sie den Text. Die Gruppe kann entweder Zeile für Zeile oder auch zwei Zeilen am Stück den Text wiederholen.*

## Wir Heiligen Drei Könige

*überliefert*

Wir Heiligen Drei Könige, wir kommen von fern,
wir suchen den Heiland, den göttlichen Herrn.
Da sehn wir vor uns einen leuchtender Stern.
Er winkt uns gar freundlich, wir folgen ihm gern.
Er führt uns vorüber vor Herodes seinem Haus,
da schaut der falsche König beim Fenster heraus.
Er winkt uns so freundlich: „Oh kommt doch herein,
ich will euch bewirten mit Kuchen und Wein."
„Wir können nicht weilen, wir müssen gleich fort,
wir müssen uns eilen nach Bethlehem Ort.
Es ward uns durch Gottheit die Kunde zuteil,
dass ein Kind geboren, das der Welt bringt das Heil."
Wir kommen im Stall an und finden das Kind,
viel schöner und holder, als Engel es sind.
Wir knien uns nieder und beten es an:
„Oh Herr, nimm die Gabe aus Dankbarkeit an,
Gold, Weihrauch und Myrrhen, das reichen wir dir,
führ du uns dann später in den Himmel von hier!"

## Spielanregung

*Am Tag der Heiligen Drei Könige ist es in katholischen Gegenden Brauch, dass die Sternsinger umherziehen und für andere Kinder Spenden sammeln. Die Bibel erzählt, dass drei weise Männer aus dem Morgenland das Jesuskind im Stall von Bethlehem besuchten. Sie hießen Caspar, Melchior und Balthasar. Sie brachten kostbare Geschenke mit. Ein Stern soll sie geführt haben. Sie hielten Jesus für den neu geborenen König der Juden.*

# Bewegung und Musik in der Weihnachtszeit

Ein Buch mit Bewegungsspielen, anregender Musik und „Action" in der Weihnachtszeit? Eigentlich sind die Wochen vor dem großen Fest doch als Zeit der Besinnung und der Ruhe gedacht. Aber wir wissen alle, dass dieses Vorhaben meist nicht realisiert wird, und die Kinder haben während der kalten Monate noch weniger „Auslauf" als im Sommer – obwohl sie das doch so dringend brauchen.

Kinder sind auf Motorik angewiesen. Schon kurz nach der Geburt strampeln sie mit den Füßchen, greifen mit den Händchen, trainieren ihre Mimik und versuchen, die Welt mit allen Sinnen zu erfahren. Ohne Bewegungsdrang gibt es keine normale Entwicklung.

Wenn ein Baby auf die Welt kommt, ist sein Gehirn noch ungeordnet. Es besitzt zwar sogar noch mehr Nervenzellen als ein Erwachsener. Doch die schiere Zahl entscheidet nicht darüber, wie klug das Kind wird. Dies hängt davon ab, wie viele Verbindungen zwischen den Nervenzellen geknüpft werden: die Synapsen. Bewegung, eine bunte Sprachkultur und musikalische Angebote fördern nachweislich eine dichte Vernetzung der Nervenzellen. Es gibt Hinweise darauf, dass Kinder, die nach Herzenslust krabbeln, laufen, springen, balancieren und klettern dürfen, leichter Lesen, Schreiben und Rechnen lernen als die „Stubenhocker". Außerdem erhält das Gehirn durch körperliche Bewegung mehr Sauerstoff und ist damit leistungsfähiger. Und es produziert mehr körpereigene Botenstoffe, was sich positiv auf das Gedächtnis auswirkt und die Stimmung hebt.

Bei den ganz Kleinen werden die ersten tapsigen Schritte von Mama und Papa noch begeistert gelobt. Wenige Jahre später heißt es häufig: „Bleib doch endlich mal ruhig sitzen!" Obwohl die Lust am Laufen, Hüpfen und Herumtollen angeboren ist, wird der Bewegungsdrang von Kindern heute stark eingeschränkt.

Wir Menschen sind stammesgeschichtlich keine Sitztiere, sondern wollen uns bewegen. Es ist ganz natürlich, dass Kinder nicht lange still sitzen wollen; Grundschulkinder können das höchstens zehn Minuten. Gut wäre dann eine Bewegungspause. Manchmal hilft es auch, einfach die Sitzhaltung zu ändern. Egal, ob lümmeln oder verkehrt herum auf dem Stuhl sitzen, wichtig ist, man ändert seine Position. Die beste Sitzhaltung ist immer die nächste.

Statt Spielen auf den Straßen, frei zugänglichen Wiesen oder großen Gärten gibt es Autoabstellbuchten und -parkplätze, jede Menge Autoverkehr, und auch auf Anwohnerstraßen wird oft rücksichtslos gefahren. Viele Eltern lassen ihre Kinder nicht alleine laufen und transportieren sie – selbst kurze Strecken – mit dem Auto. Besonders in den Städten fehlt es oft an Räumen, wo die Kinder sich frei bewegen und ein Körpergefühl entwickeln können. Fast die Hälfte der Grundschulkinder kommt bei der Rumpfbeuge mit gestreckten Beinen nicht mehr mit den Fingerspitzen bis zum Boden. Viele schaffen es nicht, eine Minute einbeinig zu balancieren oder haben Schwierigkeiten, rückwärts zu gehen. Die meiste Zeit verbringen Kinder mit Schlafen und im Sitzen. Es bleiben zu wenige Gelegenheiten, sich körperlich zu betätigen und auch mal richtig anzustrengen. Und Sportunterricht wird viel zu wenig angeboten. Fachleute sagen: „Die durchschnittliche Bewegungszeit, in der sich Kinder wirklich anstrengen, liegt gerade mal bei 15 bis 30 Minuten." Das reicht nicht aus, um motorische Basiskompetenzen wie Ausdauer, Beweglichkeit und Koordinationsvermögen zu trainieren.

Kannten Kinder um 1900 noch rund 100 Bewegungsspiele, so sind es zu Beginn des 21. Jahrhunderts noch vier oder fünf. Und die können, zumindest in Städten, meist gar nicht mehr gespielt werden. Hinzu kommt: Eltern sind oft übervorsichtig und ersticken wagemutige Kletterversuche im Keim. Dabei garantiert Bewegung einen gesunden Knochenaufbau, trainiert Muskeln und Sehnen und hält sie geschmeidig. Toben und Herumtollen bringt Herz und Kreislauf in Schwung, verbessert den Stoffwechsel und macht sogar schlau.

Beim Herumtollen entwickelt ein Kind Konzentration, Ausdauer und Geschicklichkeit. Es sucht ständig nach Gelegenheiten und neuen Herausforderungen: im Zickzack-Kurs oder rückwärts laufen, ohne gegen andere Kinder oder Hindernisse zu stoßen, auf einem Bein hüpfen, sich auf dem Klettergerüst immer höher hinaufwagen. Dabei sammelt es wichtige Erfahrungen und lernt, Risiken besser einzuschätzen. Das geht nicht ohne blaue Flecken und Schürfwunden ab. Kleine Verletzungen lehren Kinder, sich beim nächsten Mal besser aufs Balancieren oder Klettern zu konzentrieren. Mit der Zeit werden sie immer sicherer und selbstbewusster. Man sollte also die Lust der Kinder an der Bewegung fördern anstatt sie aus Angst, es könnte etwas passieren, zu bremsen.

Was ist zu tun, wie geht man raus, wenn das „raus" gar nicht mehr so oft stattfindet?

Zuerst einmal gibt es natürlich, zumindest für kleine Kinder, Spielplätze. Nicht genug, nicht immer gepflegt und manchmal mit veraltetem Spielgerät ausgerüstet. Trotzdem können hier Bewegung und Aktivität geschult werden. Nicht zuletzt natürlich auch soziale Interaktion – wer je als Dreijähriger seinen Eimer gegen doppelt so alte Nachwuchsrowdys verteidigen musste, den kann in der Welt da draußen nur noch wenig schrecken. Aber irgendwann hat die Schaukel an Reiz verloren, die Wippe bleibt leer zurück. Wohin orientiert man sich, wenn der letzte Sandkuchen gebacken ist? Die ersten Ansprechpartner sind sicher die Vereine, aber nicht jedes Kind möchte sich dem organisierten Sport anschließen. Also sind auch Kindergarten und Grundschule besonders gefragt.

# Weihnachten steht vor der Tür …

… das bedeutet auch viel zu oft: Stress bei der Geschenkauswahl und viele Süßigkeiten schon in der Adventszeit. Verbieten sollte man sich und seinen Kindern diese süßen Hochgenüsse nicht. Stattdessen ist gezieltes Naschen angesagt. Auch hier gilt: Erwachsene sind das Vorbild. Am besten, Sie räumen die Süßigkeiten in einen Schrank, aus dem sich dann alle gemeinsam einmal am Tag bedienen – offen herumliegende Packungen sind für Klein und Groß nämlich eine viel zu große Versuchung.

Probieren Sie doch mal als Alternative: Statt stundenlang zu schlemmen lieber schon in der Vorweihnachtszeit ordentlich bewegen – und zum Fest sowieso. Zu einem „gesunden Weihnachten" könnte dann auch Bewegung geschenkt werden – vielleicht regen Sie auf einem Elternabend dazu an …

Es gibt ganz viele Möglichkeiten für aktive Geschenke, die großen Spaßfaktor bieten: etwa ein Zimmer-Trampolin oder Balanciergeräte wie ein Wackelbrett. Speziell bei Jungen kommen auch (altersgerechte!) Expander oder Hanteln an – lieber weniger Gewicht und mehr Wiederholungen gilt als Faustformel.

Es gibt inzwischen Spielkonsolen, bei denen der Spieler mit seiner Fernbedienung realistische Bewegungen ausführen muss, damit die Figur auf dem Bildschirm das gleiche tut – etwa bei Sportsimulationen.

Auch für draußen gibt es unzählige aktive Geschenkideen: von Schlittschuhen samt Eishockeyschläger über einen neuen Schlitten bis hin zum Skikurs beim örtlichen Verein. Eine tolle Geschenkidee sind Badmintonschläger, die es mittlerweile in verschiedenen Ausführungen gibt. Ein Basketball mit einem Korb lässt sich (fast) das ganze Jahr über nutzen.

Kaum ein Kindergarten oder eine Grundschule, die sich nicht mit der Weihnachtszeit beschäftigen. Da bietet es sich doch an, dass zum Geschenke-Basteln und Musizieren auch dort das Bewegen kommt. Die meisten Kinder haben zum Glück ihre Lust an Bewegung noch nicht verloren. Wir müssen nur für Ideen und Gelegenheiten sorgen, Anstöße geben und Begeisterung wecken. Viele der in diesem Buch vorgestellten Stücke können Sie als kleine Bewegungseinheiten anbieten: Singen und Bewegen passen einfach gut zusammen!

# Anhang

## Literaturhinweise


Bestle-Körfer/Regina/Stollenwerk, Annemarie: Winter zaubert alles weiß, Freiburg 2001 (Christophorus)

Cratzius, Barabara: Es weihnachtet sehr. Freiburg 1995 (Herder).

Emmerich, S. /Fotschki, J./ Wankum, A.: Eine himmliche Zeit, Aachen 2006 (Meyer und Meyer)

Grüger, Constanze: Kleinkinderturnen mit Fantasie, Aachen 2005 (Meyer und Meyer)

Hering, Wolfgang: Bewegungslieder. Reinbek 2001[6] (rororo 19681)

Hering, Wolfgang/Jekic, Angelika: Musik mit den ganz Kleinen, Reinbek 2003 (rororo 61718)

Hering, Wolfgang: Aquaka della oma. 88 alte und neue Klatsch- und Klanggeschichten, Münster 2008[6] (Ökotopia)

Hering, Wolfgang: Kunterbunte Bewegungshits, Münster 2008[5] (Ökotopia)

Hering, Wolfgang: Kunterbunte Fingerspiele, Münster 2009[5] (Ökotopia)

Hering, Wolfgang: Bewegungshits von Moskau bis Marokko, Münster 2008[2] (Ökotopia)

Hering, Wolfgang/Zachmann, Helga: Musik- und Bewegungsspiele, Aachen2005 (Meyer und Meyer)

Lindner, Heide: Winterzeit, Aachen 2000 (Meyer und Meyer)

Lindner, Heide: Winterwichtel, Aachen 2001 (Meyer und Meyer)

Lindner, Heide: Zur Weihnacht, Aachen 2003 (Meyer und Meyer)

Tietz, Katja: Im Winter-Weihnachts-Glitzerland, Aachen 2007 (Meyer und Meyer)

Schön, Bernhard/Walter, Gisela: Weihnachtliche Feste anders gestalten, Münster 2005[2] (Ökotopia)

Wierz, Jakobine: Pfeffernuss und Kugelglanz. Münster 2006 (Ökotopia).

# Workshop- und Konzertangebote

**1. LIVEKONZERTE FÜR KINDER**

Für verschiedene Altersgruppen – entweder ab 2 oder ab 4 Jahre – werden von Wolfgang Hering Livekonzerte angeboten. Die Kinder erhalten immer wieder Möglichkeiten auf und vor der Bühne mitzuwirken. Bei den kleinen Kindern werden die Eltern einbezogen. Möglich ist ein Schwerpunkt „Bewegungshits von Moskau bis Marokko". Bunte Mitmachprogramme mit vielen neuen Kinderhits.

**2. WORKSHOPS & FORTBILDUNGEN**

Mit verschiedenen Schwerpunkten bietet Wolfgang Hering Erzieherinnen und Lehrern Fortbildungen und Workshops an, z. B.

- Sprechstücke und Songs zum Mitmachen zu verschiedenen Themen (z. B. Winter, oder Sommer)
- Bewegungslieder und Musikspiele
- Rhythmische Spielideen, Geschichten zum Mitmachen, Bewegungsgedichte und Fingerspiele
- Klatsch- und Klanggeschichten mit und ohne Instrumente
- Kinderlieder und Bewegungsspiele aus vielen Ländern

**3. KONZERTE FÜR KINDER IM GRUNDSCHULALTER**

Im Mittelpunkt dieses Programms stehen poppige Kinderlieder mit witzigen Texten und vielen Möglichkeiten zum Mitmachen für Kinder im Grundschulalter. Meist gibt es zwei Konzertangebote: einmal für 1. / 2. Schuljahr und dann für den 3. und 4. Jahrgang.

**4. Trio KUNTERBUNT & Verstärkung**

Seit 1980 schreiben, singen und spielen Wolfgang Hering und Bernd Meyerholz zusammen und produzieren Lieder für Kinderkassetten und CDs, für Bücher und Hörspiele. 1984 kam Schlagzeuger Bernhard Hering dazu: das Trio KUNTERBUNT war geboren. Mittlerweile spielt die Gruppe in verschiedenen Besetzungen, je nach Aufwand und Größenordnung der Veranstaltung. In der Vorweihnachtszeit gibt es das Programm: „Auf die Plätzchen, fertig, los".

**6. SEMINAR- UND WORKSHOPANGEBOTE FÜR DIE ÄLTEREN**

Im Rahmen z. B. von Ferienspielaktionen oder Freizeiten, bzw. Klassenstufen an weiterführenden Schulen können Projektangebote im spiel- und musikpädagogischen Bereich für Ältere abgesprochen werden.

**Kontakt:** *Büro Wolfgang Hering,* Walther-Rathenau-Str. 39, 64521 Groß-Gerau
Tel.: (0 61 52) 79 04, E-Mail: wolfhering@aol.com
Internet: www.wolfganghering.de (mit vielen Infos, Terminplan und Gästebuch)
Shop: www.wolfganghering-shop.de

# Register der Spiele und Lieder

Die Titel sind alphabetisch aufgeführt, nach „der, die, das“ werden sie jeweils nach dem folgenden Wort eingeordnet. Lieder sind *kursiv* gesetzt.

# CD-Index „Kunterbunt bewegte Winterzeit“

# Autor und Illustratorin

*Wolfgang Hering,* Diplom-Pädagoge und Musiker, ist freiberuflich im musik- und sozialpädagogischen Bereich tätig und Mitglied der bekannten Musikgruppe „Trio KUNTERBUNT“. Solokonzerte mit verschiedenen Büh- nenprogrammen, Dozent an Fortbildungseinrichtungen, Referententätigkeit und Fachberatung / Fortbildung u. a. für Kindergärten, Familienbildung, Kinderturnen, themenorientierte Projekte z. B. für Krankenkassen und Deutscher Turnerbund. Beliebt sind auch Kombinationen aus thematisch orientierten Workshops und Konzert. Seine Bücher und CDs erscheinen in verschiedenen Verlagen.

*Kasia Sander,* geboren in Gdynia (Polen), Studium an der Kunstakademie Gdansk (Danzig), 1986 Übersiedlung nach Deutschland und Grafik-Design-Studium in Münster. Freiberufliche Buchillustratorin für Schul- und Kinderbuchverlage, Karikaturistin und Comiczeichnerin für Tageszeitungen sowie Designerin in der Modebranche. Teilnahme an mehreren Ausstellungen mit den Schwerpunkten Grafik, Zeichnung und Karikatur.

CD ... und dazu der Tonträger von Wolfgang Hering

## Kunterbunt bewegte Winterzeit

### Spiel- und Bewegungslieder zum Mitsingen und Mitmachen zur Winter- und Weihnachtszeit

**Bewegende Lieder für lebendige Kinder**
Die Winter- und Weihnachtszeit hat viele Besonderheiten, sie steckt voller Vorfreude, Wünsche und spannender Erwartung verbunden mit Unruhe und dem natürlichen Drang der Kinder nach Bewegung und Ausgelassenheit.
Der erfolgreiche und beliebte Musiker Wolfgang Hering (TRIO KUNTERBUNT) greift mit seinen Winter- und Weihnachtsliedern genau diesen Spannungsbogen auf und hat 25 Titel – neue Bewegungsstücke, Spiel- und Tanzlieder – abwechslungsreich und kindgerecht getextet und komponiert sowie einige Klassiker der Weihnachtszeit neu eingespielt.
Es sind Lieder zum Zuhören und Mitsingen, die die Kinder in ihrer Spiel- und Bewegungsfreude ansprechen, die sie zum Mitmachen, zum gemeinsamen Spielen, Turnen, Tanzen und Fühlen – mit Körper, Herz und allen Sinnen – anregen.
Auch ohne große musikalische Kenntnisse lassen sich die eingängigen Lieder von der CD leicht lernen und bei den „Klassikern“ wird es manches Wiedererkennen geben.

ISBN 978-3-86702-123-4

Der Fachverlag für gruppen- und spielpädagogische Materialien

# Ökotopia Verlag und Versand

Kooperative Spiele, Spiele in Gruppen, Lernspiele, Bewegungsspiele, Brettspiele

**Fordern Sie unser kostenloses Programm an:**

**Ökotopia Verlag**
Hafenweg 26a · D-48155 Münster
Tel.: (02 51) 48 19 80 · Fax: 4 81 98 29
E-Mail: info@oekotopia-verlag.de

**Besuchen Sie unsere Homepage! Genießen Sie dort unsere Hörproben!**

**http://www.oekotopia-verlag.de und www.weltmusik-fuer-kinder.de**

Sybille Günther

## Lichterfeste

**Spiele, Lieder, Tänze, Dekorationen und Rezepte für Feiern und Umzüge in der Lichterzeit**

Hier gibt es neben bekannten Bräuchen viel Neues zu entdecken: Tänze und Spiele ums Erntefeuer, Nachtumzüge im Geisterlicht, Durchsitznächte im Kerzenschein oder ein Lichterfrühstück am Lucientag.

**ISBN (Buch)** 978-3-936286-66-3
**ISBN (CD)** 978-3-936286-67-0

Sybille Günther

## Himmlische Zeiten für Kinder

**Den Zauber weihnachtlichen Brauchtums in lebendigen Aktionen von Martini bis Silvester stimmungsvoll erleben**

Mit einfühlsamen Weihnachtsgeschichten, mit Brauchtum und schönen Liedern, mit frischen Ideen und lebendigen Spielen geht es für Kinder singend und tanzend durch die Weihnachtszeit

**ISBN (Buch)** 978-3-86702-088-6
**ISBN (CD)** 978-3-86702-089-3

Sonja Janssen, Julia Alberts

## Sternenstaub & Lichterglanz

**Eine spielerische Schatzkiste für die Advents- und Weihnachtszeit**

Die umfangreiche Spielesammlung bringt neuen Schwung in die Vorweihnachtszeit. Ganz nebenbei erfahren die Kinder Förderung in verschiedenen Bereichen wie Basiswahrnehmung, Handmotorik, Hören, Sehen und Empathieempfinden. Der Ideenfundus bringt auf pädagogisch sinnvolle Weise den Zauber der Vorweihnachtszeit zurück.

**ISBN** 978-3-86702-094-7

Pit Budde, Josefine Kronfli

## Santa, Sinter, Joulupukki – Weihnachten hier und anderswo

**Ein internationaler Ideenschatz mit Liedern, Geschichten, Bastelaktionen, Rezepten, Spielen und Tänzen**

Die Weihnachtszeit auf der ganzen Welt in Spielen, Bastelanleitungen, Liedern, Geschichten, Sachinformationen und Rezepten, um mit Kindern Weihnachten fantasievoll zu gestalten und mit allen Sinnen zu feiern.

**ISBN (Buch)** 978-3-936286-04-5
**ISBN (CD)** 978-3-936286-05-2

Andrea Erkert

## Das Adventsspiele-Buch

**Die weihnachtliche Zeit spielerisch begleiten**

Eine Auswahl an ruhigen wie bewegungsintensiven Spielimpulsen rund um die Adventszeit, die sich mit kleineren und größeren Gruppen jederzeit und nahezu überall durchführen lassen. Zahlreiche Spielideen und Anregungen, mit denen sich Kinder ganz bewußt mit Motiven rund um das Weihnachtsfest beschäftigen.

**ISBN** 978-3-86702-060-2

Barbara Cratzius

## Wir freuen uns aufs Weihnachtsspiel

**Leichte Stücke zum Mitmachen und Mitspielen für die Advents- und Weihnachtszeit**

Kurze Spielstücke zur Advents- und Weihnachtszeit mit lustigen und besinnlichen Texten. Leicht und mit wenig Aufwand lassen sich im Kindergarten und in der Grundschule Aufführungen mit kleinen sowie größeren Kindern einüben und aufführen. Wie das ohne Stress geht und auch noch Spaß macht, wird in diesem liebevoll illustrierten Mitmachbuch gezeigt.

**ISBN** 978-3-86702-022-0

Der Fachverlag für gruppen- und spielpädagogische Materialien

Spiele in Gruppen, Lernspiele, Bewegungsspiele, Brettspiele, Kooperative Spiele

# Ökotopia Verlag und Versand

Fordern Sie unser kostenloses Programm an:


**Ökotopia Verlag**
Hafenweg 26a · D-48155 Münster
Tel.: (02 51) 48 19 80 · Fax: 4 81 98 29
E-Mail: info@oekotopia-verlag.de

**Besuchen Sie unsere Homepage! Genießen Sie dort unsere Hörproben!**

**http://www.oekotopia-verlag.de und www.weltmusik-fuer-kinder.de**

Gertraud Mayrhofer
## Kinder tanzen aus der Reihe
Von Herbstdüften, Frühlingsklängen und Sommerträumen – ein Jahr voller Begegnungen, Berührungen, Bewegung und Tanz

**ISBN (Buch inkl. CD):** 978-3-936286-45-8

Barbara Huber, Heidi Nicolai
## Toben, Raufen, Kräfte messen
Ideen, Konzepte und viele Spiele zum Umgang mit Aggressionen

**ISBN:** 978-3-931902-41-4

Johanna Friedl
## Das Ballspiele-Buch
Rollen, werfen, fangen, zielen - Ballspiele mit Kindern für alle Gelegenheiten

**ISBN:** 978-3-936286-63-2

Wolfgang Hering
## AQUAKA DELLA OMA
88 alte und neue Klatsch- und Klanggeschichten mit Musik und vielen Spielideen

**ISBN (Buch):** 978-3-931902-30-8
**ISBN (CD):** 978-3-931902-31-5

Volker Friebel, Marianne Kunz
## Rhythmus, Klang und Reim
Lebendige Sprachförderung mit Liedern, Reimen und Spielen in Kindergarten, Grundschule und Elternhaus

**ISBN (Buch):** 978-3-936286-61-8
**ISBN (CD):** 978-3-936286-62-5

Sabine Hirler
## Kinder brauchen Musik, Spiel und Tanz
Bewegt-musikalische Spiele, Lieder und Spielgeschichten für kleine und große Kinder

**ISBN (Buch):** 978-3-931902-28-5
**ISBN (CD):** 978-3-931902-29-2

Andrea Erkert
## Das Stuhlkreisspiele-Buch
Bewegte und ruhige Spielideen zu jeder Zeit und zwischendurch

**ISBN:** 978-3-936286-26-7

Birgit Kasprik
## Wi-Wa-Wunderkiste
Mit dem Rollreifen auf den Krabbelberg - Spiel- und Bewegungsanimation für Kinder ab einem Jahr

**ISBN:** 978-3-925169-85-4

Wolfgang Hering
## Kunterbunte Bewegungshits
88 Lieder, Verse, Geschichten, leichte Hip-Hop-Stücke und viele Spielideen zum Mitmachen für Kids im Vor- und Grundschulalter

**ISBN (Buch):** 978-3-931902-90-2
**ISBN (CD):** 978-3-931902-91-9
**ISBN (Playback-CD):** 978-3-931902-95-7

Constanze Grüger
## Bewegungsspiele für eine gesunde Entwicklung
Psychomotorische Aktivitäten für Drinnen und Draußen zur Förderung kindlicher Fähigkeiten

**ISBN:** 978-3-936286-00-7

Bettina Ried
## Eltern-Turnen mit den Kleinsten
Anleitungen und Anregungen zur Bewegungsförderung von Kindern von 1-4 Jahren

**ISBN:** 978-3-925169-89-2

Monika Schneider
## Gymnastik-Spaß für Rücken und Füße
Gymnastikgeschichten und Spiele mit Musik für Kinder ab 5 Jahren

**ISBN (Buch inkl. CD):** 978-3-931902-03-2

Der Fachverlag für gruppen- und spielpädagogische Materialien

Kooperative Spiele, Spiele in Gruppen, Lernspiele, Bewegungsspiele, Brettspiele

# Ökotopia Verlag und Versand

**Fordern Sie unser kostenloses Programm an:**

**Ökotopia Verlag**
Hafenweg 26a · D-48155 Münster
Tel.: (02 51) 48 19 80 · Fax: 4 81 98 29
E-Mail: info@oekotopia-verlag.de

**Besuchen Sie unsere Homepage! Genießen Sie dort unsere Hörproben!**

**http://www.oekotopia-verlag.de und www.weltmusik-fuer-kinder.de**

Andrea Erkert
## Inseln der Entspannung
Kinder kommen zur Ruhe mit 77 phantasievollen Entspannungsspielen

**ISBN** 978-3-931902-18-6

Sybille Günther
## Snoezelen - Traumstunden für Kinder
Praxishandbuch zur Entspannung und Entfaltung der Sinne mit Anregungen zur Raumgestaltung, Phantasiereisen, Spielen und Materialhinweisen

**ISBN (Buch)** 978-3-931902-94-0
**ISBN (CD)** 978-3-936286-07-6

Ursula Salbert
## Ganzheitliche Entspannungstechniken für Kinder
Bewegungs- u. Ruheübungen, Geschichten u. Wahrnehmungsspiele Yoga, Autog. Training u. d. Progr. Muskelentspannung

**ISBN** 978-3-936286-90-8

Anette Raschdorf
## Kindern Stille als Erlebnis bereiten
Sinnesübungen, Fantasiereisen und Entspannungsgeschichten für Kindergarten, Schule u. Familie

**ISBN** 978-3-931902-59-9

Volker Friebel
## Kinder entdecken die Langsamkeit
Musikalisch-spielerische Förderung von Konzentration, Achtsamkeit und Wohlbefinden

**ISBN (Buch inkl. CD)** 978-3-86702-062-6

Conny Frühauf, Christine Werner
## Hört mal, was da klingt!
Spielerische Aktionen mit Geräuschen, Klängen, Stimme und Musik zur Förderung des Hörsinns

**ISBN (Buch inkl. CD)** 978-3-86702-005-3

Annegret Frank
## Streicheln, Spüren, Selbstvertrauen
Massagen, Wahrnehmungs- und Interaktionsspiele und Atemübungen zur Förderung des Körperbewusstseins

**ISBN (Buch)** 978-3-936286-29-8
**ISBN (CD)** 978-3-936286-30-4

Sybille Günther
## Willkommen im Kinder-Märchenland!
Märchen werden lebendig durch Erzählen, Hören, Spielen und Gestalten

**ISBN (Buch)** 978-3-86702-025-1
**ISBN (CD)** 978-3-86702-026-8

Christel Langlotz, Bela Bingel
## Kinder lieben Rituale
Kinder im Alltag mit Ritualen unterstützen und begleiten

**ISBN** 978-3-86702-042-8

Margarita Klein
## Schmetterling und Katzenpfoten
Sanfte Massagen für Babys und Kinder

**ISBN** 978-3-931902-38-4

V. Friebel, M. Kunz
## Meditative Tänze mit Kindern
In ruhigen und bewegten Kreistänzen durch den Wandel der Jahreszeiten

**ISBN (Buch inkl. CD)** 978-3-931902-52-0

Andrea Erkert
## Kinderleichte Ruheerlebnisse
Mit Ruhespielen, Fantasiereisen, Mandalas und Streichelmassagen entspannen und innere Stille finden

**ISBN (Buch)** 978-3-86702-082-4
**ISBN (CD)** 978-3-86702-083-1

Nie mehr die Übersicht verlieren!

# GABIP

JETZT NEU!

## Das ganzheitliche Bildungsdokumentations-Programm

***GABIP*** ist eine **Software zur Erstellung professioneller Bildungsdokumentationen** in Krippen, Kindertageseinrichtungen, Familienzentren, Offenen Ganztagsschulen (OGS) – für alle, die Dokumentationen über Kinder erstellen, und für Tagesmütter und -väter.

- Über 2.300 Einrichtungen arbeiten bereits mit ***GABIP***.
- 120 Fachschulen nutzen ***GABIP*** im Unterricht und im Blockpraktikum.
- ***GABIP*** aus der Praxis – für die Praxis.

**Infos unter www.gabip.de**

***GABIP 1***
für Krippen, Kindertageseinrichtungen, Familienzentren und Offene Ganztagsschulen (OGS)
0–12 Jahre

90,00 € (D) / 90,00 € (A) / 153,00 SFr
Bestell-Nr. 14000

***GABIP 2***
Spezielle Version zugeschnitten auf die Bedürfnisse von Tagesmüttern und -vätern
0–3 Jahre

45,00 € (D) / 45,00 € (A) / 77,00 SFr
Bestell-Nr. 14001

ÖKOTOPIA

GABIP ist exklusiv erhältlich beim Ökotopia Verlag, Postfach 7777, 33310 Gütersloh
☎ (0800) 6568674 FREECALL